Cómo anular los falsos veredictos de la Masonería

Libertad del Rito Escocés
y del Rito de York de la Masonería

Por

Dr. Ron M. Horner

Cómo anular los falsos veredictos de la Masonería

Libertad del Rito Escocés
y del Rito de York de la Masonería

Por

Dr. Ron M. Horner

LifeSpring International Ministries
PO Box 5847
Pinehurst, North Carolina 28374
www.RonHorner.com

Cómo Anular los Falsos Veredictos de la Masonería

Libertad del Rito Escocés y del Rito de York de la Masonería

Derechos de autor © 2024 Dr. Ron M. Horner

Las citas bíblicas están tomadas de la Santa Biblia Versión Reina-Valera 1960 © Sociedades Bíblicas Unidas. Excepto que se indique lo contrario. Usada con permiso. Todos los derechos reservados.

Todos los derechos reservados. Este libro está protegido por las leyes de derechos de autor de los Estados Unidos de América. Este libro no puede copiarse ni reimprimirse con fines comerciales o lucrativos. Se permite y fomenta el uso de citas breves o la copia ocasional de páginas para el estudio personal o en grupo. El permiso se otorgará bajo solicitud.

Para solicitudes de descuentos en ventas al por mayor, permisos editoriales u otra información deben dirigirse a:

LifeSpring Publishing
PO Box 5847
Pinehurst, NC 28374 USA

Copias adicionales disponibles en www.ronhorner.com

ISBN 13 TP: 978-1-953684-44-8
ISBN 13 eBook: 978-1-953684-45-5

Diseño de Portada por Darian Horner Design (www.darianhorner.com)
Imagen: 123rf.com # 79248840

Primera Edición: Marzo 2024

10 9 8 7 6 5 4 3 2 1

Impreso en los Estados Unidos de América

Tabla de Contenido

Agradecimientos i

Prólogo iii

Prefacio vii

Capítulo 1 El Concepto de Veredictos Falsos 1

Capítulo 2 Los Falsos Veredictos
de la Logia Azul 1 ° Grado El Aprendiz 9

Capítulo 3 Liberación de los Efectos de la Logia Azul 35

Capítulo 4 4° Grado
Maestro Secreto (E) o Maestro de la Marca (Y) 41

Capítulo 5 5° Grado
Maestro Perfecto (E) o Maestro Virtual Pasado (Y) 47

Capítulo 6 6° Grado
Secretario Íntimo (E) o Muy Excelente Maestro (Y) 53

Capítulo 7 7° Grado
Preboste y Juez (E) o Maestro Masón del Arco Real (Y) 59

Capítulo 8 8° Grado
Intendente de la Construcción (E)* 65

Capítulo 9 9° Grado
Maestro Elegido de los 9 (E) 69

Capítulo 10 10° Grado
Maestro Elegido de los 15 (E) 73

Capítulo 11 11 ° Grado
Sublime Caballero Elegido (E) 79

Capítulo 12 12 ° Grado
Gran Maestro Arquitecto (E) 85

Capítulo 13 13 ° Grado
Maestro del Arco Real (E) 91

Capítulo 14 14 ° Grado
Gran Escocés de la Bóveda Real (E) 97

Capítulo 15 15 ° Grado
Caballero de Oriente (E) 103

Capítulo 16 16 ° Grado
Príncipe de Jerusalén (E) 107

Capítulo 17 17 ° Grado
Caballero de Oriente y Occidente (E) 111

Capítulo 18 18 ° Grado
Soberano Príncipe Rosacruz (E) 117

Capítulo 19 19 ° Grado
Gran Pontífice o Sublime Escocés (E) 123

Capítulo 20 20 ° Grado
Venerable Maestro de Todas las Logias (E) 129

Capítulo 21 21 ° Grado
Noaquita o Caballero prusiano (E) 133

Capítulo 22 22 ° Grado
Caballero del Hacha Real (E) 139

Capítulo 23 23 ° Grado
Jefe del Tabernáculo (E) 145

Capítulo 24 24 ° Grado
Príncipe del Tabernáculo (E) 151

Capítulo 25 25 ° Grado
Caballero de la Serpiente de Bronce (E) 157

Capítulo 26 26 ° Grado
   Príncipe de Misericordia (E) 163

Capítulo 27 27 ° Grado
   Soberano Comendador del Templo (E) 169

Capítulo 28 28 ° Grado Caballero del Sol (E) 173

Capítulo 29 29 ° Grado
   Gran Escocés de San Andrés (E) 179

Capítulo 30 30 ° Grado
   Caballero Kadosh (E) 185

Capítulo 31 31 ° Grado
   Gran Inquisidor (E) 189

Capítulo 32 32 ° Grado
   Sublime Príncipe del Real Secreto (E) 193

Capítulo 33 33 ° Grado
   Gran Soberano Inspector General (E) 199

Capítulo 34 Liberación de la Masonería 207

Capítulo 35 Cómo divorciarse del dios Sol 231

Capítulo 36 Petición de divorcio del dios de la Luna 259

Capítulo 37 Conclusión 289

Apéndice 291

Otras enfermedades y condiciones
relacionadas con la Masonería 291

Bibliografía 299

Descripción 303

Acerca del Autor 305

Otros libros escritos por el Dr. Ron M. Horner 307

Agradecimientos

Muchas gracias a mi amigo Robin McGuire, quien comparte la pasión de ver a la gente liberada de las garras del enemigo. Gracias a Grant y Samantha Mahoney por el permiso para usar material de su excelente libro "Libertad: Cómo salir de las Maldiciones de la Masonería". A Ana Méndez Ferrell por el permiso para usar sus oraciones de Liberación de la Masonería, gracias.

A Jeanette Strauss y Doug Carr por su material sobre las peticiones de divorcio de los dioses del sol y la luna, gracias.

A Adina, mi esposa, muchas gracias.

Prólogo

El Dr. Ron Horner aporta un nuevo y emocionante nivel de estrategia de oración a lo que aparentemente han sido los efectos resistentes a la oración de las maldiciones generacionales resultantes de la Masonería. Como ministro del Evangelio, Ron ha buscado apasionadamente al Señor en busca de respuestas para ayudar a las personas a obtener total libertad y mantenerse libres. Durante los últimos dos años, Ron ha adquirido una mayor comprensión sobre las Cortes del Cielo y los veredictos falsos del Infierno, mientras es autor de dos libros; Las Cortes del Cielo: Una Introducción y Cómo Anular los veredictos de las Cortes del Infierno. En este nuevo libro, Cómo Anular los Falsos Veredictos de la Masonería, Ron aporta una combinación invaluable de experiencia, investigación, oración y revelación con respecto a las Cortes del Cielo para desentrañar las maldiciones generacionales impuestas por la Masonería. Si bien hay muchas facetas de la sanidad, el impacto de la Masonería no puede subestimarse ni pasarse por alto. Ron elimina el misterio y arroja luz sobre el plan de maldad de Satanás.

Cuando lee las "Áreas de Impacto" en el libro de Ron, es abrumador ver a tantas familias que sufren una gran pérdida de salud, finanzas y bienestar. Vidas que deberían ser abundantes y llenas de vida se ven robadas por la aflicción, la miseria y el trauma debido a la participación de sus antepasados en la Masonería. Las maldiciones que los masones dicen sobre sí mismos y sus linajes son asesinas, y las implicaciones espirituales de estas maldiciones tienen familias en cautiverio muy real. Lo que es igualmente doloroso es la ignorancia de la mayoría de los hombres que han ingresado a los masones como cristianos y profesan ser seguidores de Cristo. Desafortunadamente, este espantoso engaño continúa atrayendo a los hombres a este culto, y el veneno continúa fluyendo hacia familias y generaciones.

La arquitectura del mal de Satanás que está fuertemente entrelazada dentro de los masones está envuelta en engaños, mentiras y trampas. Nada le gustaría más que ver al Cuerpo de Cristo continuar "haciendo girar sus ruedas" haciendo "oraciones que rompen maldiciones" una y otra vez sin una finalidad de libertad de la esclavitud de la Masonería. Ron le da al lector la oportunidad de abordar las maldiciones infligidas a los linajes pasados, presentes y futuros. Arma al lector con la verdad y el conocimiento del protocolo para llevar el arrepentimiento a las Cortes del Cielo para derrocar los veredictos falsos de la Masonería. Con una comprensión profunda de los veredictos falsos del Infierno, Ron nos lleva a través de los juramentos, rituales y maldiciones a sí mismos pronunciados a lo largo de los siglos que deben ser revocados en las Cortes del Cielo. Esto es de suma importancia para cualquier creyente que a sabiendas (o pueda sospechar) tiene la Masonería en su linaje.

He ministrado a muchas personas afectadas, heridas y "atascadas" y el "hilo" masónico es tan común que es asombroso. Yo también tengo la Masonería en mi linaje, y he hecho muchas "oraciones masónicas de liberación" repetidamente durante mis 20 años de ministerio. Cada vez que las hacía, esperaba que la próxima vez fuera más eficaz. Sin embargo, cuando realicé las oraciones en el nuevo libro de Ron y fui a las Cortes del Cielo para revocar los veredictos falsos, nunca me había sentido tan libre. Experimenté un cambio tangible en lo profundo de mi espíritu y sentí la libertad. Pude sentir mi cuerpo cambiar físicamente con la limpieza del ADN y continúo experimentando la libertad.

Recomiendo encarecidamente este libro único y completo que lo lleva a usted a través de las ataduras resultantes de las maldiciones de la Masonería. Prepárese para ver las garras de las maldiciones masónicas desalojadas de su vida, su familia y su linaje. ¡Es por lo que pagó Jesús!

Robin McGuire
Ministerios Internacionales de Heart Works

Prefacio

Pocas organizaciones en la historia de la humanidad se han integrado en todos los niveles de la sociedad como la Masonería. Aunque se promociona a sí misma no como una "organización secreta" sino más bien como "una organización que tiene secretos", el resultado es el mismo. Los hombres (y las mujeres en ciertos sectores) hacen juramentos a dioses demoníacos que los unen a ellos, a sus familias y a sus generaciones futuras a pactos y veredictos que traen destrucción a todo su linaje. La naturaleza insidiosa de cómo estas organizaciones - el Rito Escocés, el Rito de York, los Shriners y sus muchos ramas y enredos (incluidos los Illuminati) surgieron en los consejos del Infierno. Lea lo que dijo el salmista sobre esto:

Sal 2:1-3: "¿Por qué se amotinan las gentes, Y los pueblos piensan cosas vanas? Se levantarán los reyes de la tierra, Y príncipes consultarán unidos Contra Jehová y contra su ungido, diciendo: Rompamos sus ligaduras, Y echemos de nosotros sus cuerdas."

Este libro ayudará a desvelar los veredictos falsos que potencian las maldiciones de la Masonería que, en todos los niveles de la vida, traen destrucción o miedo a la destrucción. Los juramentos han obligado a hombres[1] que alguna vez fueron honestos a la deshonestidad, la traición e incluso el asesinato. Los pactos de sangre hechos atan no solo a la persona, sino a sus generaciones a la maldad de la Masonería.

Los forasteros, que miran los diversos juramentos y enredos a menudo se preguntan: "¿Qué haría que los hombres hicieran juramentos como los que exige la Masonería?" ¿Por qué, de otro modo, los hombres sensatos lo harían? La Masonería se basó en apelaciones a la razón. Son sistemáticos y se construyen línea sobre línea, precepto sobre precepto. Sin embargo, en el caso de la Masonería, los preceptos son falsos, pero lógicos para una mente no espiritual. Sobre las apelaciones a la razón se construye el muro del engaño. Cuando la razón se une al secreto, el resultado es un sistema como el de ellos. Es un sistema de creencias que tiene sentido para quienes están en él, pero no para otros que miran desde afuera porque no tienen el "enfoque razonado" incorporado. El "enfoque razonado" tiene su raíz en el Árbol del Conocimiento del Bien Y del Mal.

---

[1] La Masonería es una organización predominantemente masculina. Un pequeño número de logias ha permitido que las mujeres se conviertan en masonas activas.

La Masonería también habla del orgullo de los hombres de pertenecer a algo más grande que ellos mismos, una especie de hermandad.

Para avanzar, uno debe asumir compromisos cada vez mayores mientras se enreda más profundamente en la red de la Masonería. A medida que uno pasa por las oraciones y los escenarios de la sala de audiencias presentados en este libro, usted encontrará la libertad como los veredictos falsos que empoderan a la Masonería para que sea revocada en las Cortes del Cielo. Esa libertad no solo afectará a las personas que prestaron juramento, sino también a sus familias y futuros linajes. Muchos no creen que ellos (o sus antepasados) hayan estado involucrados en la Masonería, pero los alcances de esta organización van bastante lejos en la sociedad. Sus "buenas obras" son simplemente medios de enredo por parte del enemigo, y por eso muchos han sido engañados.

Muchos no se dan cuenta de cómo los dioses falsos se aprovechan de la ignorancia para crear vínculos con nosotros. Simplemente podríamos haber visitado una logia, un capítulo o un templo y quedamos atados porque pisamos sus terrenos "sagrados". Es posible que usted haya comprado una comida en Shriner's Fish Fry (que creó un piso de comercio en lo que respecta al mundo demoníaco). Ser curioso e investigar cómo convertirse en masón puede ser suficiente. El enemigo usará cualquier gancho que pueda para conectarnos con la religión falsa que es la Masonería. Por tanto, ¿por qué necesitamos la libertad que se ofrece en este libro?

Después de haber escrito dos libros relacionados con el paradigma de oración de las Cortes del Cielo, en la primavera de 2018 me encontré buscando una solución real a los problemas de muchas personas que estaban adoptando el concepto del paradigma de oración de las Cortes del Cielo. Parecía que en aproximadamente el 90% de las situaciones en las que la gente no podía obtener alivio de los asaltos del enemigo, la Masonería era el vínculo común. Era el bloqueo de las respuestas que buscaban.

Si la persona estaba lidiando con un asunto legal (en nuestro sistema judicial natural) o estaba viviendo bajo algún otro tipo de esclavitud de la que no podía obtener la verdadera libertad, la Masonería nunca estuvo lejos. Encontré varias oraciones (incluso una está incluida en este libro), pero no estaba satisfecho que hubieran abordado suficientemente las legalidades involucradas.

El neozelandés Selwyn Stevens[2] tiene mucho material sobre la libertad de la Masonería (que recomiendo) y tiene un entendimiento sobre las Cortes del Cielo, pero necesitaba algo un poco más profundo.

Ana Méndez Ferrell[3] también ha escrito "El oscuro secreto de G.A.O.T.U." sobre el tema de la Masonería. Su oración de libertad se incluye al final de este libro.

---

[2] www.jubileeresources.org
[3] www.voiceofthelight.com

Grant y Samantha Mahoney[4] también tienen un libro sobre el tema que es bastante completo, particularmente en lo que respecta a la Masonería del Rito Escocés, y también tienen un conocimiento sobre las Cortes del Cielo, pero nuevamente creo que se podría encontrar un enfoque aún más guiado por láser. Aun así, recomiendo encarecidamente cada uno de estos recursos.

Como autor de "Cómo Anular los veredictos de las Cortes del Infierno", llegué a ver que mucho de lo que ata a las personas a las garras de la Masonería son los veredictos falsos. Los veredictos falsos son acuerdos legales creados para crear ataduras. A medida que se identifican estos veredictos falsos, se pueden anular en las Cortes del Cielo. Ese es el objetivo de este libro: identificar y revertir.

Incluso en la literatura utilizada por los masones para atraer a "hombres buenos" a unirse a la fraternidad, encontrará veredictos falsos. Por ejemplo, la declaración se hace en el segundo párrafo de un folleto de reclutamiento que dice: "... y la Masonería siempre está dispuesta a dar la bienvenida a los hombres buenos a la fraternidad". El mensaje subyacente contiene el veredicto falso: Aquellos involucrados en la Masonería son "buenos hombres"[5] Esto no es un insulto, pero Jesús mismo dijo: "Ninguno hay bueno, sino sólo uno, Dios".[6] Se basa en la suposición que los involucrados tienen un

---

[4] Mahoney, Grant & Samantha, *Libertad: Cómo salir de las maldiciones de la Masonería.* www.ohel-moed.com
[5] "¿Alguna vez has considerado convertirse en masón?"
[6] Marcos 10:18

cierto grado de "justicia" propia y si son justos, entonces no necesitan a Dios. Subconscientemente (y a veces consciente) creen que la rectitud que poseen es suficiente. Este mismo concepto se refuerza en el título de su folleto "El Verdadero Secreto de la Masonería: Cómo Hacer a los Hombres Buenos Mejores". El folleto dice:

> *La Masonería es un sistema de moral, velado en alegorías, ilustrado por símbolos. No es una religión, sino de carácter religioso, es una filosofía de conducta ética que imparte virtudes morales y sociales y fomenta el amor fraternal. Encarnan el entendimiento mediante el cual el hombre puede trascender la experiencia ordinaria y construir "una casa no hecha por manos" en armonía con el Gran Arquitecto del universo.*[7]

Las enseñanzas de la Masonería enseñan la bondad sin Dios. Tal comprensión es un engaño que te dice que no necesitas a Dios, por lo tanto, no necesitas un salvador. Puedes ser "bueno" sin Dios, pero aún necesitas un salvador: Jesucristo.

A medida que usted lea este libro, verá numerosos ejemplos de por qué la declaración anterior está plagada de falsedades. Por ejemplo, afirman que son un "sistema de moralidad", sin embargo, en las ceremonias de iniciación de varios de los niveles, en esencia declaran

---

[7] "El Verdadero Secreto de la Masonería: Cómo Hacer a los Hombres Buenos Mejores"

que son una ley en sí mismos totalmente aparte de una relación con Dios. Dicen que no son una religión, pero tienen su Biblia, himnos, bautismos, sacerdotes, código de conducta, una deidad suprema, incluso un tipo de comunión, y más, que suenan muy a religión.

Además, pregonan que encarnan el entendimiento mediante el cual el hombre puede trascender la experiencia ordinaria. La implicación es que pueden convertirse en dioses. Estos son veredictos falsos, mentiras mediante las cuales se establecen los entendimientos. Cuando estamos de acuerdo con una mentira, damos poder al mentiroso. Hagamos que el poder de estas mentiras se rompa sobre nuestras vidas y nuestras generaciones.

Que encuentre la libertad mientras trabaja en este libro y vea las maldiciones bajo las que usted y su familia han estado y sean completamente eliminadas de sus vidas.

Dr. Ron Horner
Autor

Yo iré delante de ti, y enderezaré los lugares torcidos; quebrantaré puertas de bronce, y cerrojos de hierro haré pedazos.

Isaías 45:2

Capítulo 1

El Concepto de Veredictos Falsos

En mi libro *Overcoming Verdicts from the Courts of Hell (Cómo anular los veredictos de las cortes del infierno)* se explica en profundidad el concepto de cómo se producen los veredictos falsos. En pocas palabras, cuando alguien llega a un acuerdo con otra persona, se puede obtener un veredicto (o juicio, los términos pueden usarse indistintamente); esto se convierte en un convenio obligatorio legalmente en el ámbito espiritual con ciertos impactos (generalmente negativos) disponibles para los involucrados.

Cuando estos convenios son contrarios a la naturaleza de Dios o la Palabra de Dios, son veredictos falsos (a diferencia de los veredictos "verdaderos" que surgen de los dominios del Cielo). Cualquier veredicto falso tiene su origen último en los Cortes del Infierno (sí, el Infierno tiene un sistema judicial (ver Mateo 16:18-10)). La buena noticia es que cualquier juicio que surja de cualquiera de las cortes del Infierno puede ser anulado en cualquiera de las Cortes del Cielo (de las cuales existen muchas). Debemos reconocer que CUALQUIER juicio que surja del Infierno es inferior a cualquier juicio que surja del Cielo.

En Mateo 16:19 Jesús describe que "las puertas (cortes) del Infierno" no prevalecerían contra la iglesia. Sin embargo, para que eso suceda, debemos entender algunas cosas:

1) Que el Infierno tiene un sistema judicial así como el Reino de Dios tiene su sistema judicial (Zacarías 3:7);
2) La prevalencia de las cortes del Infierno se basa en la comprensión y el cumplimiento de las reglas del reino espiritual;
3) La prevalencia implica la disolución de los contratos anteriormente obligatorios y la institución de nuevos contratos (obligatorios y permisivos);
4) Debido a que ni siquiera hemos entendido que existía un sistema judicial, tenemos que ponernos al día, y entonces podremos vencer y prevalecer tal como lo predijo Jesús.

La iglesia es un cuerpo judicial / legislativo y, como tal, debemos operar de esa manera. Debemos entender que hemos sido empoderados para obtener sentencias jurídicas favorables para el Reino de Dios. La Biblia Reina-Valera 1960 dice en Mateo 16:18-19 de esta manera:

[18] Y yo también te digo, que tú eres Pedro, y sobre esta roca edificaré mi iglesia; y las puertas del Hades no prevalecerán contra ella. [19] Y a ti te daré

las llaves del reino de los cielos; y todo lo que atares en la tierra será atado en los cielos; y todo lo que desatares en la tierra será desatado en los cielos.

La iglesia en su conjunto no ha entendido que tenemos una autoridad legal para ver el Reino de Dios promulgado en tiempo real sobre la tierra. Muchos se han centrado en su estrategia de salida en lugar de tener una mentalidad de asedio a largo plazo. La última estrategia es preferible para conquistar las obras del enemigo y establecer el Reino de Dios sobre la tierra como nos ha sido comisionado y mandado.

Una vez que se ha identificado un veredicto falso, el creyente debe conseguir que ese veredicto falso sea anulado en las Cortes del Cielo y los cautivos sean liberados. A menudo se requiere el arrepentimiento porque estos veredictos falsos tienen el derecho de ser promulgados debido al fracaso de la iglesia. Nuestra inacción a menudo ha abierto la puerta a que ocurran muchas cosas negativas. A medida que nos volvemos proactivos, podemos comenzar a ver estos veredictos falsos anulados y la victoria llega al cuerpo de Cristo en niveles nunca antes experimentados. Sin embargo, nosotros no hacemos el vuelco. Simplemente presentamos el caso ante las Cortes del Cielo y permitimos que las Cortes hagan su trabajo para anular los veredictos falsos y asegurar la liberación de los cautivos.

Nuestra parte es presentar el caso y estar dispuestos a arrepentirnos de nuestros pecados y los pecados de nuestros antepasados para ver estos veredictos falsos revocados con éxito. Sin un verdadero arrepentimiento, el veredicto falso seguirá teniendo derecho a permanecer en su lugar. El arrepentimiento disuelve el pegamento que mantiene en su lugar los veredictos falsos.

Muchas personas tienen problemas para arrepentirse por algo con lo que no tienen nada que ver directamente; sin embargo, si entendemos que el resultado supera nuestros prejuicios personales, deberíamos estar dispuestos a hacerlo en nombre de nuestros hijos, nietos, nuestras generaciones futuras (véase Isaías 43:26-27). Tenemos el ejemplo de Daniel que se arrepintió de sus pecados y de los pecados de sus antepasados (ver Daniel 9).

Por supuesto, una mentalidad de éxtasis nos dice falsamente que saldremos de aquí en cualquier momento, así que para qué molestarse. Esa es una mentalidad completamente egoísta de la que también debemos arrepentirnos. Si Jesús viniera en este momento, esencialmente estaríamos condenando al infierno al menos dos tercios del planeta porque no conocen a Jesús porque la iglesia no ha hecho bien en discipular a las naciones.

En pocas palabras, somos herederos legales, y si queremos que las maldiciones dejen de rodar cuesta abajo, se requiere arrepentimiento para hacerlo. No importa quién cometió el pecado en este momento. Lo que importa es detenerlo. Si su casa está en llamas, el momento de preocuparse por quién o qué provocó el incendio no es necesario mientras está ardiendo, ¡lo importante es apagar el fuego!

Una vez que el arrepentimiento sea completo, es posible que recibamos instrucciones adicionales relacionadas con los veredictos falsos que buscamos que se anulen. Al aceptar obedecer esas instrucciones, se otorgará la sentencia que anule el veredicto falso. Como parte de nuestra solicitud de anular un veredicto falso, también solicitamos su reemplazo por un veredicto justo, un veredicto alineado con la Palabra y la voluntad de Dios. Siempre quieres recordar "la Ley del Vacío". Una vez que se quita algo, algo más buscará llenar ese vacío. Si usted ha estado involucrado en el ministerio de liberación, comprende este concepto. Queremos que cualquier vacío creado por un veredicto falso sea reemplazado por algo bueno, algo que surja de los dominios del Cielo, y queremos que cualquier maldición que haya resultado del veredicto falso sea detenida en su totalidad. Queremos que el impacto de esas maldiciones se deshaga en todos los ámbitos en los que han tenido impacto; esto incluye: financieramente, físicamente, nuestro ADN, emocional, espiritualmente y cualquier otro ámbito posible. Queremos que nuestras generaciones futuras tengan cosas mejores para ellas de lo que experimentamos nosotros. A medida que sigamos estos conceptos, podremos ver que esto ocurre. Además, queremos que todos los capturados por el veredicto falso sean liberados de su cautiverio.

El Diseño del Libro

A medida que avance en el libro, verá una breve descripción general de cada título; luego, las consecuencias a las que uno accede si revelan los secretos de la orden; áreas de impacto (que pueden ser emocionales, espirituales, físicas o incluso sociales). A continuación, estarán los veredictos falsos que se han identificado en relación con ese grado. Puede que no sea una lista completa, pero es un punto de partida. Puede recibir información sobre otros veredictos falsos relacionados con un título en particular o la Masonería en su conjunto. No dude en compartirlos conmigo para su posible inclusión en las actualizaciones de este libro.

Una vez que se haya identificado el (los) veredicto (s) falso (s), lo guiaré a través de un escenario en la sala de audiencias con el objetivo que se anulen los veredictos falsos. El escenario de la sala de audiencias incluirá un segmento de arrepentimiento. Si usted tiene la intención de arrepentirse por otras cosas además de las enumeradas, adapte esto a su situación y siga adelante con el arrepentimiento. Los escenarios de la sala de audiencias están escritos en primera persona. Aunque es posible que no haya estado involucrado personalmente en la Masonería, es probable que alguien de su ascendencia haya estado involucrado y, por lo tanto, los traumas y experiencias asociados se registran en su

ADN. Orar en primera persona le ayudará a identificarse con ellos por la libertad de todo su linaje.

Ahora, comenzaremos a pasar por los distintos niveles (o grados, como se los conoce) y comenzaremos a ver la libertad liberada para usted y su linaje.

Capítulo 2
Los Falsos Veredictos
de la Logia Azul

1° Grado

El Aprendiz

La Masonería no pierde tiempo en enredar al nuevo candidato en sus garras. El primer nivel de participación proviene de lo que se conoce como la "Logia Azul" y se conoce como "El Aprendiz". Debido a que se están involucrando por su propia voluntad, al enemigo se le es dado el derecho de la persona y de su linaje. Sin embargo, a medida que el candidato avanza a través de los distintos niveles, enredan aún más profundamente a su familia inmediata y su futuro linaje. Hacen juramentos que no revelarán en ningún momento a nadie en qué se han involucrado. Si rompen ese voto, se lanzarán maldiciones sobre ellos y sus familias (presentes y futuras). Si uno de sus antecesores se enredó en esta red, entonces usted, como heredero legal, se verá obligado a las maldiciones (Salmo 7:6) y las obligaciones de los juramentos tomados, particularmente los sellados con sangre.

Cada nivel involucrado en la Masonería es una violación del primer mandamiento:

No tendrás, dioses ajenos delante de mí. (Éxodo 20:3)

Es una violación de este mandamiento que toda la Masonería permanezca. No solo tiene el objetivo de colocar a otros dioses delante de Jehová Dios, sino que, en última instancia, reemplaza a Jehová con Lucifer, quien en última instancia se identifica en el pensamiento masónico como el G.A.O.T.U. (el Gran Arquitecto del Universo). No es Jehová como se les enseña a los de los niveles inferiores. Los iniciados de nivel inferior son engañados intencionalmente al pensar que el G.A.O.T.U. se refiere a Dios, pero ese no es el caso. Incluso se requiere que los masones de nivel superior mientan a los de niveles inferiores para atraerlos a profundizar más en la Masonería.

Al comienzo del descenso a las profundidades de la Masonería, el escenario está listo para que el masón esté por encima de la ley. Aunque esto no se dice descaradamente, al final de la ceremonia de iniciación para el 1º Grado, el candidato recibe una "insignia de inocencia" simbolizada por el delantal. Este delantal se utiliza a lo largo de la experiencia del masón y en los funerales con ritos masónicos. Es una declaración de la inocencia de uno sin importar el pecado. Cuando se ponen el delantal están "vistiendo su inocencia" y declarando así su inocencia ante el mundo y ante Dios. Se consideran inocentes de pecado, de quebrantar la ley o de cualquier otra violación de la ley de Dios o incluso de las leyes del hombre.

Las Consecuencias de Romper el Juramento

Usted acepta que será calificado de perjuro, desprovisto de todo valor moral y no apto para ser recibido en ninguna logia o sociedad de hombres que valoren la virtud y el honor.

Usted acepta que le abran la garganta, le saquen la lengua de raíz y la entierren en la arena del mar, a la longitud de un cable desde la orilla del mar para que la marea pueda entrar y salir sobre su lengua, dos veces al día (marca de marea baja).[8]

Áreas de Impacto

- Familias y matrimonios arruinados
- Rechazo continuo por parte de los demás
- Asesinato de personalidad
- Tener su integridad continuamente cuestionada
- Ataques cardíacos o afecciones cardíacas
- Miedo a la oscuridad
- Miedo a la muerte
- Miedo a ser apuñalado

---

[8] Mahoney, 176.

- Tener un espíritu Anti-Cristo o luchar continuamente con el espíritu Anti-Cristo
- Ceguera espiritual: incapaz de ver en el espíritu
- Dureza de corazón hacia Dios[9]
- Cánceres de boca
- Trastornos de la garganta
- Paladar hendido
- Claustrofobia
- Enfermedades de los pulmones
- Asma
- Infecciones bronquiales
- Enfermedades del útero
- Pérdida del Habla
- Tener su voz continuamente silenciada
- Lesión en la boca
- Lesión en los conductos nasales
- Dificultad para comunicarse de manera efectiva
- Autismo
- Muerte por mutilación
- Muerte por estrangulación
- Negocio despiadado
- Penuria
- Pobreza vinculada a las finanzas personales
- Trabajo inútil sin fruto que mostrar
- Vida de tormento o angustia

---

[9] Mahoney, 176-177.

Los Veredictos Falsos

Ahora soy propiedad de los dioses de la Masonería.

Mis decisiones ya no son mías.

Mi lealtad es a los dioses de la Masonería desde ahora y para siempre.

La única luz verdadera proviene de la Masonería.

Yo soy la piedra superior / piedra angular.

Soy inocente de cualquier culpa o pecado por mi participación en la Masonería.

Los involucrados en la Masonería son "hombres buenos".

La Masonería es un sistema de moralidad. *

La Masonería no es una religión. *

La Masonería es una filosofía de conducta ética. *

La Masonería forma parte de las virtudes morales y sociales. *

La Masonería fomenta el amor fraternal. *

El hombre puede trascender la experiencia ordinaria a través de la Masonería.

El hombre puede construir una "casa no hecha a manos" a través de la Masonería [*10]

Si revelara los "secretos" de la Masonería, me convertiría en un perjuro, sin ningún valor moral y no apto para ser recibido en ninguna logia o sociedad de hombres que valoren la virtud y el honor.

[Mientras lee la siguiente sección, puede serle útil ponerse de pie mientras la recita. Si el Espíritu Santo le indica sobre elementos adicionales de los que arrepentirse, o cosas adicionales para solicitar, simplemente siga la guía del Espíritu Santo.]

Escenario de la Sala de Audiencias

Justo Juez, pido a entrar en la Corte de Apelación del Cielo el día de hoy en mi nombre y en nombre de mi linaje pasado, presente, y futuro. Los veredictos falsos dictados en el (1º) Grado Aprendiz que declaran:

Yo y mi linaje somos propiedad de los dioses de la Masonería y que mis / nuestras decisiones ya no son mías / nuestras, sino que debemos lealtad a los dioses de la Masonería desde ahora y para siempre.

---

[10] * Estos veredictos falsos están involucrados antes de la participación de uno en la Masonería ("El Verdadero Secreto de la Masonería: Cómo Hacer a los Hombres Buenos Mejores".)

La única luz verdadera proviene de la Masonería.

Yo soy la piedra superior / piedra angular.

Soy inocente de cualquier culpa o pecado por mi participación en la Masonería.

Los involucrados en la Masonería son "hombres buenos".

La Masonería es un sistema de moralidad.

La Masonería no es una religión.

La Masonería es una filosofía de conducta ética.

La Masonería forma parte de las virtudes morales y sociales.

La Masonería fomenta el amor fraternal.

El hombre puede trascender la experiencia ordinaria a través de la Masonería.

El hombre puede construir una "casa no hecha a manos" a través de la Masonería.

Si revelara los "secretos" de la Masonería, me convertiría en un perjuro, sin ningún valor moral y no apto para ser recibido en ninguna logia o sociedad de hombres que valoren la virtud y el honor.

Yo pido que estos falsos veredictos se anulen en las Cortes del Cielo en el día de hoy y se reemplacen por justos veredictos y que yo y mi linaje seamos liberados de todas las ataduras que resulta de mi participación en la Masonería.

Me arrepiento por mí mismo y por mi linaje por cada participación en la Masonería, ya sea por la asistencia, juramento, chisme, o la curiosidad. Me arrepiento por mi orgullo y el orgullo de mis antepasados que abrieron la puerta a esta participación. Abdico todos los cargos que ocupo. Me arrepiento en mi nombre y en el de mi linaje por elegir este grado, por aceptar su rango, título, cargo, herramientas, insignias, privilegios, sus juramentos, acciones y contraseñas. Me arrepiento por dejarme engañar. No me di cuenta de lo que estaba haciendo, ni ellos tampoco. Me arrepiento por violar el primer mandamiento y poner otros dioses delante de ti.

[Este segmento se refiere a los masones que estaban casados, pero si no se aplica a usted, ore por los antepasados que pueden haber sido culpables].

También me arrepiento de haber hecho juramentos de secreto y del impacto que han tenido en mi cónyuge y en nuestra familia. Yo estoy genuinamente arrepentido por la división que trajo a nuestro hogar y por la destrucción que causó en mi cónyuge emocionalmente. En lugar de ser una sola carne como enseña Tu Palabra, permití que mis juramentos nos dividieran. Eso es una rebelión contra ti y una violación de mis votos a mi cónyuge. Te pido perdón este día. *[También deberá arrepentirse ante su cónyuge e hijos (y nietos, si corresponde)].*

Perdono a cada antepasado que me ató a mí a los pactos de la Masonería en cualquier nivel, en cualquier momento. Los libero este día de su culpa. Pido perdón por cualquier acción que me haya traumatizado a mí y a mi linaje. Pido que se eliminen el trauma y el miedo, en el nombre de Jesús.

Me arrepiento de abrazar el veredicto falso que declara a la Masonería como la única luz verdadera y que yo soy la piedra angular. Me arrepiento por aceptar la mentira que soy inocente de todo pecado y culpa por mi participación en la Masonería. Me arrepiento por aceptar la "insignia de la inocencia" y por llevarla en mi persona. Me arrepiento de aceptar la mentira que tengo bondad fuera de ti. Me arrepiento por abrazar las mentiras que afirman: la Masonería es un sistema de moralidad; la Masonería no es una religión; la Masonería es una filosofía de conducta ética; la Masonería imparte virtudes morales y sociales; la Masonería fomenta el amor fraternal; el hombre puede trascender la experiencia ordinaria a través de la Masonería; el hombre puede construir una "casa no hecha a manos" a través de la Masonería. Me arrepiento por abrazar la mentira y el temor de ser etiquetado como un perjuro, sin ningún valor moral y no apto para ser recibido en ninguna logia o sociedad de hombres que valoren la virtud y el honor. No deseo que me reciban en ninguna logia o sociedad, sino que solo tú me recibas. Reemplaza estos veredictos falsos por veredictos justos.

Yo pido que todas las conexiones y los derechos con respecto a los falsos dioses de la Masonería sean cortadas y cada maldición asociada ser rotas en el poderoso nombre de Jesús. Yo pido que la libertad sea liberada a mí y a mi linaje. Pido la restitución de todo lo perdido por los falsos dioses de la Masonería, en el nombre de Jesús. Te reconozco como la "luz verdadera". Ayúdame a entender que Tú, Jesús, eres la piedra angular, y nadie más. Ayúdame a entender que es solo a través de la sangre de Jesús que soy inocente de cualquier pecado o transgresión; solo Él elimina mi culpa.

Además, solicito la liberación inmediata mía y de mi familia y la liberación inmediata de todos los miembros de mi linaje que han sido tomados cautivos por estos veredictos falsos.

[Ahora, mientras espera el veredicto, escuche cuidadosamente cualquier instrucción adicional que se le pueda dar*. Una vez que se dicte un veredicto favorable, sentirá una inundación de paz en su ser. También puede experimentar otras manifestaciones a medida que las entidades anteriormente vinculadas salen de su vida. ¡Regocíjese con gratitud por el nuevo nivel de libertad que ahora experimentará!]

* Para un ejemplo de una instrucción, considere esto: En una ocasión, el Señor había otorgado el veredicto basado en la responsabilidad continua de las partes involucradas de no murmurar ni quejarse más de la persona que era el foco del veredicto falso. Mientras mantuvieran su

responsabilidad de no murmurar, la petición permanecería en su lugar. La desobediencia a esa instrucción podría resultar en la pérdida del veredicto.

También puede sentirse impresionado de ir más lejos con su arrepentimiento. Siguiendo la dirección del Espíritu Santo aquí y a medida que avanza en los escenarios de la sala de audiencias descritos en este libro.

[Una vez que se haya emitido un veredicto, ingrese a la Corte de Escribas para recibir el papeleo para este veredicto, luego a la Corte de Ángeles para que se envíen ángeles a cumplir las órdenes involucradas en el veredicto.]

Aquí hay un escenario:

Ahora salga de esta corte y entre en la Corte de Escribas. "Estoy solicitando el veredicto emitido por la Corte de Apelaciones relacionado con el caso que acaba de concluir". (Ahora, mírese a sí mismo recibiendo el papeleo. Puede ser en forma de pergamino o pergaminos, o simplemente algunos papeles (a menudo de tamaño legal. A veces puede sentir muchos pergaminos involucrados en el veredicto)).

Una vez que haya recibido los pergaminos / papeles, salga de la Corte de Escribas y entre en la Corte de Ángeles. Es en esta corte donde se envían ángeles para manejar las órdenes o instrucciones contenidas en un veredicto. Cuando ingrese a la Corte de Ángeles, simplemente diga: "Estoy aquí con los veredictos de mi caso. Solicito ayuda angelical para cumplir con las órdenes e instrucciones de este veredicto". Probablemente sentirás que te están quitando a los escribas y que los ángeles se están yendo rápidamente para manejar las asignaciones involucradas. Una vez que los ángeles hayan recibido sus órdenes, simplemente doble el pergamino / papeles que ha recibido en su corazón. Sentirá que, aunque se enviaron todos los papeles, todavía tiene una copia en sus manos. Son estos los que se pliegan en su corazón, diciendo: "Juez Justo. Recibí este veredicto en mi nombre y en el de mi familia este día y le agradezco".

2° Grado
Compañero

Este nivel es donde realmente comienzan los pactos de secreto. El candidato se compromete a no divulgar nunca los secretos del 2° Grado con nadie de menor grado (que, por supuesto, incluye a TODOS los que están fuera de la Masonería). Incluye cónyuges e hijos en los que se desata la traición sobre los matrimonios en nombre de la Masonería. Comienza el asalto al gobierno piadoso de la familia, que es la unidad más básica de gobierno. Se le pregunta al candidato sobre su deseo de obtener este grado en el que da la respuesta: "más luz".

Sin embargo, esta luz no es la luz de la revelación piadosa o la luz del Evangelio, sino la iluminación de los oscuros secretos de la Masonería. Es también en este nivel que el masón se compromete a "reprender con justiciar"[11] a quienes violen los juramentos de la Masonería.

Consecuencias de la Divulgación

Usted acepta que su pecho izquierdo será desgarrado, y su corazón y sus órganos vitales serán tomados de allí, arrojados sobre el hombro izquierdo y llevados al Valle de Josafat (que es el valle de la decisión) para convertirse en presa de las bestias salvajes y pájaros del aire.[12]

Áreas de Impacto

- Miedo a sufrir un ataque cardíaco
- Miedo de ser apuñalado o baleado
- Miedo a la muerte prematura
- Tormento y angustia
- Enfermedades del pecho, pulmones o corazón
    - Cáncer de mama
    - Insuficiencia cardíaca
    - Enfermedad respiratoria
- Falla de órganos
- Muerte prematura
- Dolor o lesión en el cuello o el hombro
- Ceguera spiritual
- Ira

---

[11] Bahnson, Charles F. *Manual de la Logia de Carolina del Norte*. (Grand Lodge of North Carolina. 1982.) 51
[12] Mahoney, 176.

- Dureza emocional
- Indiferencia
- Incredulidad
- Experiencia de ser apuñalado o baleado

Veredictos Falsos

Las herramientas de la Masonería son nobles y sirven para propósitos gloriosos.

Nuestra rectitud es superior a cualquier otra.

Nuestro camino debe ser defendido y sus secretos guardados de todos los que están fuera de nuestra orden.

Ahora soy portador de grandes secretos.

La deidad << G >> es señor.

Escenario de la Sala de Audiencias

Juez Justo, pido entrar en la Corte de Apelaciones del Cielo este día en mi nombre y en nombre de mi linaje: pasado, presente y futuro. Los veredictos falsos dictados en el (2º) Grado Compañero que declaran:

Las herramientas de la Masonería son nobles y sirven para propósitos gloriosos.

Nuestra rectitud es superior a cualquier otra.

Nuestro camino debe ser defendido y sus secretos guardados de todos los que están fuera de nuestra orden.

Ahora soy portador de grandes secretos.

La deidad << G >> es señor.

Pido que estos veredictos falsos sean revocados en las Cortes del Cielo este día y reemplazados por veredictos justos y que yo sea liberado de toda esclavitud resultante de mi participación en la Masonería.

Me arrepiento en mi nombre y en el de mi linaje por mi participación en la Masonería, por elegir este grado, por abrazar su rango, título, oficio, herramientas, insignias, privilegios, sus juramentos; por usar las palabras, acciones y frases secretas, y por jurar lealtad a los estatutos y a la constitución de la Masonería. Abdico todos los cargos que ocupo. Me arrepiento por dejarme engañar. No me di cuenta del todo de lo que estaba haciendo, ni tampoco mis antepasados. Te pido perdón este día. Pido que se corten todas las conexiones y derechos con respecto a los dioses falsos de la Masonería y que se rompa toda maldición asociada en el nombre de Jesús. Pido que la libertad me sea entregada a mí y a mi linaje. Pido la restitución de todo lo perdido por los falsos dioses de la Masonería, en nombre de Jesús. Pido perdón por mis acciones en esta iniciación que introdujo un trauma en mí y en mi linaje. Pido que se eliminen el trauma y el miedo, en el nombre de Jesús. Pido la restauración completa de mi ADN al patrón que originalmente planeó para mí.

Además, solicito la liberación inmediata de mi familia y la mía y la liberación inmediata de todos los miembros de mi linaje que han sido tomados cautivos por estos veredictos falsos.

[Nuevamente, mientras espera el veredicto, escuche atentamente las instrucciones adicionales que le puedan dar. Una vez que se dicte un veredicto favorable, sentirá una inundación de paz en su ser. También puede experimentar otras manifestaciones a medida que las entidades anteriormente vinculadas salen de su vida. La sanidad y el alivio de las dolencias físicas también pueden comenzar a manifestarse en su vida. Regocíjese por este nuevo nivel de libertad que ha ganado.]

[Una vez que se haya emitido un veredicto, ingrese a la Corte de Escribas para recibir la documentación para este veredicto, luego a la Corte de Ángeles para que se envíen ángeles a cumplir las órdenes involucradas en el veredicto.]

3° Grado

Maestro

En este grado, el masón solidifica su participación en la Logia Azul. Muchos no pasan de este nivel, pero no les importa a los dioses demoníacos a quienes se ha jurado lealtad. Este grado produce una falsa resurrección así como una falsa salvación basada en buenas obras y no por la fe en Jesucristo. Aunque se usa una Biblia, no se considera correctamente. También se acepta no iniciar a nadie en una logia que no cumpla con sus estándares, incluidas las mujeres, porque todos son inferiores a ellos. Además, uno acepta ayudar a un compañero Masón independientemente de los costos personales.

Es en este aspecto que muchos han sufrido daños a manos de la Masonería. En Estados Unidos, tenemos un sistema legal, que no es necesariamente un "sistema de justicia". Debido al juramento de ayudar a un compañero hermano, un juez o abogado está obligado a ayudar a este incluso si va en contra de las leyes que de otro modo han jurado obedecer. Esto se ha desarrollado probablemente millones de veces a lo largo de los siglos en cortes de todo el mundo. Este aspecto explica por qué alguien que no está conectado a la Masonería puede no recibir justicia en el sistema judicial y se dictan sentencias en su contra, mientras que alguien con conexiones masónicas puede estar en una situación idéntica y tener veredictos favorables.

Consecuencias de la Divulgación

Usted acepta que su cuerpo será cortado en dos y dividido entre el Norte y el Sur.

Usted acepta que sus entrañas serán reducidas a cenizas y las cenizas esparcidas entre los cuatro rincones del cielo para que no quede el menor rastro.[13]

Áreas de Impacto

- Ceguera espiritual y física
- Muerte de matrimonios, hijos y familias
- Miedo a la muerte
- Miedo a morir quemado
- Relaciones sin amor
- Enfermedades pulmonares
- Cánceres / enfermedades de la estructura ósea o esquelética
- Enfermedades de la médula ósea
- Enfermedades de la sangre
- Fascinación por lo oculto / muerte
- Adivinación
- Clarividencia / Cartomancia / Telepatía
- Daño o lesión cerebral
- Adicciones a la adrenalina
- Juramentos de sangre
  - Muertes que pueden ser:
    - Prematura o anormal por naturaleza
    - Suicidio
    - Muertes violentas
    - Asesinatos rituals

---

[13] Mahoney, 177.

- Mutilación permanente o cicatrices
- Lesiones relacionadas con lo oculto
- Accidentes cerebro vasculares / aneurismas
- Hemorragias
- Migrañas / dolores de cabeza
- Problemas de vision
- Problemas financieros
- Problemas en:
    - Estómago
    - Abdomen
    - Intestinos
    - Vesícula biliar
    - Vejiga
    - Hígado
    - Útero
- Anorexia

Veredictos Falsos

Los principios de la Masonería brindan una esperanza bien fundada y una vida bien aprovechada.

Somos más nobles que otros en nuestros esfuerzos. Por lo tanto, solo aquellos que sean verdaderamente dignos pueden calificar para ser parte de nuestra orden.

La Orden está por encima de la ley del país.

Los hombres son superiores a las mujeres.

Escenario de la Sala de Audiencias

Juez Justo, pido entrar en la Corte de Apelaciones del Cielo este día en mi nombre y en nombre de mi linaje: pasado, presente y futuro. Los veredictos falsos dictados en el (3º) Grado Maestro que declaran:

Los principios de la Masonería brindan una esperanza bien fundada y una vida bien aprovechada.

Somos más nobles que otros en nuestros esfuerzos. Por lo tanto, solo aquellos que sean verdaderamente dignos pueden calificar para ser parte de nuestra orden.

La Orden está por encima de la ley del país.

Los hombres son superiores a las mujeres.

Pido que estos veredictos falsos sean revocados en las Cortes del Cielo este día y reemplazados por veredictos justos y que yo sea liberado de toda esclavitud resultante de mi participación en la Masonería.

Me arrepiento en mi nombre y en el de mi linaje por mi participación en la Masonería, por elegir este grado, por abrazar su rango, título, oficio, herramientas, regalía, privilegios, sus juramentos; por usar las palabras secretas, acciones y frases. Abdico todos los cargos que ocupo. Me arrepiento por dejarme engañar. No me di cuenta del todo de lo que estaba haciendo, ni tampoco mis antepasados. Te pido perdón este día. Pido que se corten todas las conexiones y derechos con respecto a los dioses falsos de la Masonería y que se rompa toda maldición asociada en el nombre de Jesús. Me arrepiento de la auto-elevación, de pensar más en mí mismo de lo que debería pensar; de juzgar a otros sin un justo juicio; de convertirme en un dios. Me arrepiento de estar de acuerdo con el veredicto falso que la Orden está por encima de la ley del país. Me arrepiento de mi anarquía personal y la anarquía de mi linaje. Me arrepiento de pervertir la justicia con mis palabras y acciones. Me arrepiento por abrazar la mentira que los hombres son superiores a las mujeres y por vivir esa mentira en mi vida diaria, actitudes y acciones. Perdóname por favor. Pido perdón por mis acciones en la iniciación a este grado que introdujeron trauma y miedo en mí y en mi linaje. Pido que se eliminen el trauma y el miedo, en el nombre de Jesús. Te pido que me des una comprensión correcta de quién eres, quién soy yo y el papel y la bendición de las mujeres para la humanidad.

Pido que la libertad me sea entregada a mí y a mi linaje. Pido la restitución de todo lo perdido por los falsos dioses de la Masonería, en el nombre de Jesús. Pido la restauración completa de mi ADN al patrón que originalmente planeaste para mí.

Además, solicito la liberación inmediata de mi familia y la mía y la liberación inmediata de todos los miembros de mi linaje que han sido tomados cautivos por estos veredictos falsos.

[Una vez más, mientras usted espera el veredicto, escuche atentamente las instrucciones adicionales que le puedan dar. Una vez que se dicte un veredicto favorable, sentirá una inundación de paz en su ser. También puede experimentar otras manifestaciones a medida que las entidades anteriormente vinculadas salen de su vida. La sanidad y el alivio de las dolencias físicas también pueden comenzar a manifestarse en su vida. Regocíjese por este nuevo nivel de libertad que ha ganado.]

[Una vez que se haya emitido un veredicto, ingrese a la Corte de Escribas para recibir la documentación para este veredicto, luego a la Corte de Ángeles para que se envíen ángeles a cumplir las órdenes involucradas en el veredicto.]

Avanzando Hacia la Masonería

Una vez que un candidato ha completado la fase de la Masonería de la Logia Azul, puede progresar a "niveles más altos" de participación. La mayoría de las personas son conscientes de los 33 grados de participación, pero en realidad existen más que los 33 grados. Describirlos implicaría mucha más investigación de la que actualmente se puede dedicar a un proyecto de este tipo. Sin embargo, continuaremos revelando los veredictos falsos de los niveles subsiguientes más allá del grado inicial 3 al 33. Además, dado que la información sobre el

Rito de York es más limitada, el resto del libro se centrará en el Rito Escocés. Muchos de los veredictos falsos serán similares aunque la estructura sea diferente.

Dentro de los Estados Unidos, la Masonería de Rito Escocés básicamente tiene una Jurisdicción del Norte y una Jurisdicción del Sur. Existen muy pocas diferencias entre los dos, principalmente las variaciones involucran los títulos de los cargos involucrados.

A medida que lee estos capítulos, si usted sabe que los títulos de algunos de los grados son diferentes, puede sustituirlos según sea necesario. En diferencia a la redundancia, algunos grados pueden agruparse para simplificar el proceso. Me limitaré a agrupar los veredictos falsos y el arrepentimiento asociado que los acompaña. Además, el Espíritu Santo puede traer a la mente aspectos con los que quizás usted deba lidiar y que se pasaron por alto o no se enfatizaron en este libro. Una vez más, nuestro principal objetivo es su libertad y la libertad de su linaje.

En este punto, me gustaría compartir una historia personal que enfatiza el 4º Grado y su penalización asociada. Muchas personas son como yo en que les suceden cosas inesperadas en sus vidas para las que no tienen una explicación inmediata.

Hace varios años trabajaba para mi hermano mayor en su negocio de construcción de pavimentos. Había estado operando el rodillo compactador de asfalto recién colocado en un estacionamiento. Mientras me bajaba del rodillo al suelo, mi pie quedó atrapado y me giré, chocando mi brazo izquierdo contra el concreto al lado de la máquina. Con la fuerza de todo mi cuerpo concentrada en mi muñeca, los huesos se rompieron en muchos pedazos. Las reparaciones posteriores requirieron dos cirugías y muchas semanas de recuperación y rehabilitación. El médico que realizó la cirugía comentó más tarde que habían considerado cortarme la mano porque el daño en mi muñeca era muy extenso.

Mientras yo consideraba lo que había sucedido y reflexionaba sobre mi vida en ese momento, no sabía de ninguna puerta abierta a tal destrucción; tenía que ser un asunto generacional, pero ¿qué? No lo sabía en ese momento, pero cuando vi las penas involucradas en el 4º Grado de la Masonería, tuve mi respuesta. El castigo por romper el juramento del 4º Grado era cortarle la mano izquierda a uno para considerarlo inutilizable.

Aunque ni yo ni mis padres o abuelos durante tantas generaciones como pude investigar estuvimos involucrados en la Masonería, alguien de mi ascendencia aparentemente lo había estado. Posteriormente, he realizado un trabajo de arrepentimiento en ese sentido y espero una recuperación aún más completa que la que he experimentado hasta ahora.

Es posible que se encuentre en una situación similar. Algo inexplicable le ha sucedido a usted o a su familia, y quiere saber por qué. La Masonería es un sospechoso probable, desde mi experiencia personal y mi experiencia en el ministerio por más de 40 años.

Nota: Los títulos de los capítulos incluirán las designaciones *(Y) del Rito de York o (E) del Rito Escocés si se conocen.*

Capítulo 3
Liberación de los Efectos de la Logia Azul

Desconocido para la mayoría de las personas involucradas en la Masonería o aquellos que sufren el impacto de la Masonería es el precio que tiene emocionalmente en nuestras vidas. La buena noticia es que ser libre de tener que pagar ese precio es algo que está disponible y en realidad es bastante simple. Implica una serie de actos proféticos que, cuando se combinan con la intención de liberarlo a usted mismo (o a otra persona) del costo emocional, darán como resultado la libertad. Dado que ha acudido a las cortes, habiendo identificado los veredictos falsos y arrepentido en consecuencia, la liberación debería llegarle de forma bastante sencilla.

A continuación encontrará una variedad de emociones básicas que están involucradas como resultado de la participación personal o heredada en la Masonería.

Listado de Emociones:

- Abandono
- Traición
- Amor sin reciprocidad
- Pérdida
- Esfuerzo sin recompensa
- Dolor de cabeza
- Inseguridad
- Odio
- Vulnerabilidad
- Ansiedad
- Desesperación
- Asco
- Nerviosismo
- Preocupación
- Miedo
- Fracaso
- Desamparo
- Desesperanza
- Falta de control
- Baja autoestima
- Depresión
- Frustración
- Indecisión
- Superioridad
- Auto-abuso
- Resentimiento
- Rechazo
- Pena
- Actitud Defensiva
- Ira
- Amargura
- Odio
- Sumisión

- Pavor
- Terror
- Orgullo
- Lujuria
- Indignidad
- Inutilidad[14]

La lista no es exhaustiva, pero es un punto de partida. A medida que avanza, el Espíritu Santo puede identificar aún más emociones que deben ser liberadas y cuando eso suceda, siga el sencillo procedimiento para liberarlas.

Aunque la lista es extensa, le recomiendo que la mire con espíritu de oración y luego seleccione los cinco primeros y los suelte, luego tome un descanso. A medida que libera estas emociones, es posible que su cuerpo necesite un descanso antes de continuar. Sus emociones, incluso su ADN, pueden estar en proceso de reajuste a medida que trabaja con estas emociones. Su descanso puede ser de solo unas pocas horas o puede requerir algunos días. Pregúntese si está bien continuar ahora y siga la impresión que le den.

Esta parte del proceso puede llevar tiempo, pero los resultados valen la pena. Un recurso excelente sobre este tema es el libro del Dr. Bradley Nelson titulado *El Código de la Emoción*.

---

[14] Nelson, Bradley, *El Código de la Emoción*. St. Martins Essentials, 2007.

Procedimiento para Liberar Emociones Atrapadas

El procedimiento simple que he encontrado implica un acto profético de tomar mi mano (o manos) y colocarlas sobre mi frente (sin tocar mi cabeza), luego, con un movimiento de barrido, muevo mi mano hacia atrás como si limpiara algo de mi cabeza. Barro desde mi frente hasta la parte posterior de mi cuello. He descubierto que a veces solo son necesarios tres movimientos con mi mano desde mi frente sobre mi cabeza hasta mi cuello, sin embargo, ya que probablemente estemos lidiando con implicaciones generacionales en la Masonería; le recomiendo que haga diez barridos con su mano. Con cada barrido hacia atrás sobre su cabeza (hágalo lentamente de adelante hacia atrás), diga lo siguiente:

"Libero el nombre de la emoción de mi vida y de mis generaciones, en el nombre de Jesús".

Repita esto con cada barrido de su mano sobre su cabeza. Recuerde enfocar su intención de liberarse a sí mismo Y a sus generaciones de esta emoción. Es un acto de fe y la fe obra intencionalmente a través del amor.

Una vez que haya completado los diez barridos (mínimo), debería sentir una sensación de liberación. Puede sentirlo como un alivio de una carga o el levantamiento de algo fuera de usted. Muchas personas informan que se sienten más ligeras o más libres. Algunos no sienten nada, pero lo sienta o no, no se mueva. Solo avance con fe. Recuerde:

*Los actos proféticos crean
realidades espirituales.*

*Las realidades espirituales
se manifiestan como realidades
físicas en algún momento.*

Capítulo 4
4° Grado
Maestro Secreto (E)
o Maestro de la Marca (Y)

Este grado tiene importancia en el sentido que el candidato ahora está marcado explícitamente en reconocimiento de su posición dentro de la Masonería. Los signos de este grado involucran su oído y su muñeca (específicamente la muñeca izquierda). Si rompe su juramento, ha aceptado que le corten la oreja y la mano izquierda. En este nivel, también haces un pacto con la perversión. Todos estos enredos parecen tan ajenos cuando se mira de afuera hacia adentro, pero debido a que el candidato se inicia poco a poco y solo se le dice lo que es necesario para pasar al siguiente nivel, entonces todo es justificable. La ceguera les cubre los ojos, y en este punto (si no antes) se han vuelto sordos para oír. En este grado se refuerza el punto de estar de acuerdo en ayudar a un hermano si necesita un favor.

En algunos círculos, este grado se conocía como el Santo Arco Real. De ninguna manera era santo, ni era real. Sin embargo, fue la puerta de entrada a reinos más profundos de lo Masónico. Se considera una puerta de entrada a los "Misterios Inefables" de la Masonería.[15]

Consecuencias de la Divulgación

Usted acepta que le corten la oreja derecha para que no pueda oír y que le corten la mano izquierda como pena por la impotencia.[16]

Áreas de impacto

- El trabajo no alcanza el resultado deseado
- Constantemente usted encuentra faltas en su trabajo
- Sentirse como si estuviera discapacitado
- Sentirse inmovilizado
- Incapaz de escuchar la voz del Espíritu
- Rara vez (si es que alguna vez) pagaron por lo que usted valía
- Búsqueda constante de la aprobación del hombre
- Reputación arruinada
- Se cuestiona su integridad con regularidad
- Sufre de mentalidades religiosas
- Sufre opresión
- Dolor / pena / duelo / depresión
- Falta de bendiciones financieras
- Pérdida del fruto de su trabajo

---

[15] McClenechan, 43.
[16] Mahoney, 177.

- Separación de la recompensa de la bendición financiera
- Es continuamente menospreciado por compañeros de trabajo
- Trabaja duro por una pequeña recompensa
- Lucha constante por el reconocimiento
- Lleva la etiqueta de "impostor" o falso
- Propenso a las perversiones sexuales[17]
- Víctima de perversiones sexuales

Veredicto Falso

La Marca del Maestro invoca santos secretos reales que solo el portador es digno de recibir.

Escenario de la Sala de Audiencias

Juez Justo, pido entrar en la Corte de Apelaciones del Cielo este día en mi nombre y en nombre de mi linaje: pasado, presente y futuro. El veredicto falso introducido en el (4º Grado) de Maestro Secreto o Maestro de la Marca:

La Marca del Maestro invoca santos secretos reales que solo el portador es digno de recibir.

Pido que este veredicto falso sea revocado en las Cortes del Cielo este día y reemplazado por un veredicto justo y que yo sea liberado de toda esclavitud resultante de mi participación en la Masonería.

---

[17] Mahoney, 177.

Me arrepiento en mi nombre y en el de mi linaje por mi participación en la Masonería, por elegir este grado, por abrazar su rango, título, cargo, herramientas, insignias, privilegios, sus juramentos; por usar las palabras secretas, acciones y frases. Me arrepiento por recibir una marca especial. Me arrepiento por abrazar el delantal con el ojo que todo lo ve y por abrazar la corona y el cuello. Abdico todos los cargos que ocupo. No me di cuenta del todo de lo que estaba haciendo, ni tampoco mis antepasados. Te pido perdón este día. También renuncio a todo nivel de participación en la Masonería por parte de mis antepasados o mía. Pido perdón por mis acciones en la iniciación a este grado que introdujeron trauma y miedo en mí y en mi linaje. Pido que se eliminen el trauma y el miedo, en el nombre de Jesús. Pido que me liberen de todos los lugares de cautiverio.

Pido que se corten todas las conexiones y derechos con respecto a los dioses falsos de la Masonería y que se rompa toda maldición asociada en el nombre de Jesús. Pido que la libertad me sea entregada a mí y a mi linaje. Pido la restitución de todo lo perdido por los falsos dioses de la Masonería, en el nombre de Jesús. Pido la restauración completa de mi ADN al patrón que originalmente planeaste para mí.

Además, solicito la liberación inmediata de mi familia y la mía y la liberación inmediata de todos los miembros de mi linaje que han sido tomados cautivos por estos veredictos falsos.

[Como antes, mientras espera el veredicto, escuche atentamente cualquier instrucción adicional que pueda recibir. Una vez que se haya emitido un veredicto favorable, debe sentir una inundación de paz en su ser. También puede experimentar otras manifestaciones a medida que las entidades anteriormente vinculadas salen de su vida. La sanidad y el alivio de las dolencias físicas también pueden comenzar a manifestarse en su vida. Regocíjese por este nuevo nivel de libertad que ha ganado.]

[Una vez que se haya emitido un veredicto, ingrese a la Corte de Escribas para recibir el papeleo para este veredicto, luego a la Corte de Ángeles para que se envíen ángeles a cumplir las órdenes involucradas en el veredicto.]

Capítulo 5
5° Grado
Maestro Perfecto (E)
o Maestro Virtual Pasado (Y)

La invocación total del orgullo en la ceremonia (así como del candidato) se manifiesta en este nivel, ya que ahora se les reconoce como personas con honor, posición y prestigio. Este reconocimiento alimenta el sentido de orgullo que la Masonería ha estado construyendo desde el 1° Grado. Es el mismo problema que causó la caída de Lucifer.

En este nivel, el candidato también se compromete a obedecer ciegamente los edictos de la Logia y su líder, el Gran Maestro. El candidato también está de acuerdo en que todas las maldiciones de grados anteriores pueden caer sobre ellos ahora como parte del pacto con los dioses demoníacos de la Masonería.

Consecuencias de la Divulgación

De la ceremonia de iniciación:

A todo lo cual prometo y juro de la manera más solemne y sincera, con un propósito fijo y firme de mantener y realizar lo mismo; obligándome a mí mismo bajo una pena no menor que (además de todas mis penas anteriores) que me partan la lengua de la punta a la raíz, para que a partir de entonces no pueda pronunciar una palabra para siempre, en caso que alguna vez se me demuestre deliberadamente como culpable de violar cualquier parte de este solemne juramento, u obligación, de un Maestro Perfecto. Así que ayúdame Dios, y mantenme firme en el debido desempeño del mismo.[18]

Áreas de Impacto

- Pérdida de sueño
- Pérdida del habla
- Encontrar el espíritu de apoderamiento en su hogar
- Abdicación de puestos de autoridad
- Rituales de muerte
- Predisposición a la impiedad
- Orgullo
- Trabajar en posiciones a las que no está llamado[19]

---

[18] Duncan, 208.
[19] Mahoney, 178.

Estas áreas de impacto se suman a las otras áreas ya incluidas en los grados anteriores. Sin embargo, con este nivel verá otro aspecto: la rebelión se libera en su hogar y en su vida de una manera que no había estado hasta ahora.

Veredictos Falsos

La Logia y su Gran Maestro son supremos.

El Gran Maestro debe ser obedecido ciegamente y sus decisiones aceptadas sin discusión.

Escenario de la Sala de Audiencias

Juez Justo, pido entrar en la Corte de Apelaciones del Cielo este día en mi nombre y en nombre de mi linaje: pasado, presente y futuro. Los veredictos falsos dictados en el (5º) Grado Maestro Perfecto o Maestro Virtual Pasado (Y) que declaran:

La Logia y su Gran Maestro son supremos.

El Gran Maestro debe ser obedecido ciegamente y sus decisiones aceptadas sin discusión.

Pido que estos veredictos falsos sean revocados en las Cortes del Cielo este día y reemplazados por veredictos justos y que yo sea liberado de toda esclavitud resultante de mi participación en la Masonería.

Nuestra obediencia debe ser para ti supremamente y las autoridades piadosas que has designado en nuestras vidas.

Me arrepiento en mi nombre y en el de mi linaje por mi participación en la Masonería, por elegir este grado, por abrazar su rango, título, cargo, herramientas, insignias, privilegios, sus juramentos; por usar las palabras secretas, acciones y frases. Abdico todos los cargos que ocupo. No me di cuenta del todo de lo que estaba haciendo, ni tampoco mis antepasados. Te pido perdón este día. Me arrepiento de cada alineación impía con la que me enredé. También renuncio a todo nivel de participación en la Masonería por parte de mis antepasados o mía. Renuncio a la obediencia ciega exigida por este grado y me arrepiento de haber aceptado esta mentira.

Pido que se corten todas las conexiones y derechos con respecto a los dioses falsos de la Masonería y que se rompa toda maldición asociada en el nombre de Jesús. Pido que la libertad me sea entregada a mí y a mi linaje. Pido perdón por mis acciones en la iniciación a este grado que introdujeron trauma y miedo en mí y en mi linaje. Pido que se eliminen el trauma y el miedo, en el nombre de Jesús. Pido la liberación de todo lugar de cautiverio. Pido la restitución de todo lo perdido por los falsos dioses de la Masonería, en el nombre de Jesús. Pido la restauración completa de mi ADN al patrón que originalmente planeaste para mí.

Además, solicito la liberación inmediata de mi familia y la mía y la liberación inmediata de todos los miembros de mi linaje que han sido tomados cautivos por estos veredictos falsos.

[Mientras espera el veredicto, escuche atentamente las instrucciones adicionales que le puedan dar. Una vez que se haya emitido un veredicto favorable, debe sentir una inundación de paz en su ser. También puede experimentar otras manifestaciones a medida que las entidades anteriormente vinculadas salen de su vida. La sanidad y el alivio de las dolencias físicas también pueden comenzar a manifestarse en su vida. Regocíjese por este nuevo nivel de libertad que ha ganado.]

[Una vez que se haya emitido un veredicto, ingrese a la Corte de Escribas para recibir el papeleo para este veredicto, luego a la Corte de Ángeles para que se envíen ángeles a cumplir las órdenes involucradas en el veredicto.]

Capítulo 6
6° Grado
Secretario Íntimo (E)
o Muy Excelente Maestro (Y)

Es interesante notar que en la ceremonia de iniciación a este grado, se recita el Salmo 24. Sin embargo, cuando la frase "Y entrará el Rey de Gloria", la Masonería hace que el Maestro Venerable (los líderes de esta ceremonia de iniciación) asuma este papel y supuestamente se convierta en el Rey de la Gloria. Funciona básicamente como Sumo Sacerdote. Esta perversión del Salmo 24 junto con el hecho que invoca a un nuevo guardián de la vida y el linaje del candidato son sorprendentes. Muchas escrituras se utilizan como parte de la artimaña de la "Herencia cristiana" de la Masonería, sin embargo, eso es todo: una artimaña.

En la iniciación él también acepta no ser avergonzado nunca. En su lugar, debe echarle la culpa a otro, en esencia, encontrar un chivo expiatorio, en particular a una mujer a la que pueda culpar.

Consecuencias de la Divulgación

De la ceremonia de iniciación:

A todo lo que juro solemnemente, con un propósito fijo y firme en mí de mantener y realizar lo mismo; atarme bajo pena no menor que me desgarren el pecho y me saquen el corazón y los órganos vitales de allí, y los expongan a la podredumbre en el muladar, si alguna vez violé alguna parte de esto, mi solemne juramento u obligación de un Muy Excelente Maestro. Así que ayúdame Dios, y mantenme firme en el debido desempeño del mismo.[20]

Áreas de Impacto

- Mentiras
- Falsos testigos en su contra
- Operaciones fallidas
- Ocultar los problemas en lugar de solucionarlos
- Ceguera espiritual
- Ignorar el pecado
- Desolación
- Gangrena
- Pudrición de la carne
- Problemas abdominales

---

[20] Duncan, 208.

- Cáncer de colon
- Tormento y angustia
- Cánceres de mama
- Problemas con órganos vitales
- Infecciones continuas[21]

Veredictos Falsos

Los juicios de nuestros Reyes Masónicos son verdaderos y tienen derecho a juzgar a otros por lo que ven.

Escenario de la Sala de Audiencias

Juez Justo, pido entrar en la Corte de Apelaciones del Cielo este día en mi nombre y en nombre de mi linaje: pasado, presente y futuro. El falso veredicto introducido en el (6°) Grado Secretario Íntimo o Muy Excelente Maestro que declara:

Los juicios de nuestros Reyes Masónicos son verdaderos y tienen derecho a juzgar a otros por lo que ven.

Pido que estos veredictos falsos sean revocados en las Cortes del Cielo este día y reemplazados por veredictos justos y que yo sea liberado de toda esclavitud resultante de mi participación en la Masonería.

Me arrepiento en mi nombre y en el de mi linaje por mi participación en la Masonería, por elegir este grado,

---

[21] Mahoney, 178-179.

por abrazar su rango, título, cargo, herramientas, insignias, privilegios, sus juramentos; por usar las palabras secretas, acciones y frases. Abdico todos los cargos que ocupo. Me arrepiento por abrazar el delantal adornado en rojo con la letra hebrea "Yod". No me di cuenta completamente de lo que estaba haciendo, ni tampoco mis antepasados. Te pido perdón este día. Me arrepiento de cada alineación impía con la que me enredé. Me arrepiento por exaltar a un hombre como Rey de Gloria. Renuncio a todo nivel de participación en la Masonería por parte de mis antepasados o mía. También renuncio a la obediencia ciega que se le exige a este grado y me arrepiento de haber aceptado esta mentira. Nuestra obediencia debe ser para ti supremamente y las autoridades piadosas que has designado en nuestras vidas.

Me arrepiento por haber aceptado nunca ser avergonzado, o no permitir que un hermano sea avergonzado, sino más bien echarle la culpa a otra persona, especialmente a una mujer. Me arrepiento del abuso a las mujeres, del cambio de culpa y de no responsabilizarme por mis propias acciones o ayudar a otro a no responsabilizarse por sus acciones.

Pido que se corten todas las conexiones y derechos con respecto a los dioses falsos de la Masonería y que se rompa toda maldición asociada en el nombre de Jesús. Pido que la libertad me sea entregada a mí y a mi linaje. Pido perdón por mis acciones en la iniciación a este grado que introdujeron trauma y miedo en mí y en mi linaje. Pido que se eliminen el trauma y el miedo, en el nombre de Jesús. Pido la liberación de todo lugar de cautiverio. Pido la restitución de todo lo perdido por los falsos dioses de la Masonería, en el nombre de Jesús. Pido la restauración completa de mi ADN al patrón que originalmente planeaste para mí.

Además, solicito la liberación inmediata de mi familia y la mía y la liberación inmediata de todos los miembros de mi linaje que han sido tomados cautivos por estos veredictos falsos.

[Una vez más, espere el veredicto mientras escucha atentamente las instrucciones adicionales. Una sensación de paz debe acompañar a un veredicto favorable dictado por el Juez Justo. También puede experimentar manifestaciones de sanidad y liberación a medida que las entidades anteriormente vinculadas salen de su vida. Regocíjese en su nueva libertad.]

[Una vez que se haya emitido un veredicto, ingrese a la Corte de Escribas para recibir el papeleo para este veredicto, luego a la Corte de Ángeles para que se envíen ángeles a cumplir las órdenes involucradas en el veredicto.]

Capítulo 7
7° Grado
Preboste y Juez (E)
o Maestro Masón del Arco Real (Y)

La artimaña de la lealtad a Jehová continúa en este grado. Una lenta revelación de la verdadera lealtad requerida ocurrirá a medida que uno progrese más profundamente en la Masonería.

Una parte interesante del juramento dice: "Además, prometo y juro que ayudaré a un Compañero Maestro Masón del Arco Real cuando lo vea involucrado en alguna dificultad, y defenderé su causa hasta el punto de librarlo de la misma, **ya sea correcto o incorrecto**" (el énfasis es mío). Eso parece extraño para los forasteros, pero la naturaleza de esta hermandad les permite hacer sus propias leyes cuando les parezca necesario. Este grado parece reforzar el grado anterior en su trato con la "justicia" como la define la Masonería.

Consecuencias de la Divulgación

De la ceremonia de iniciación:

A todo lo que prometo y juro solemne y sinceramente, con un propósito fijo y firme en mí de mantener y realizar lo mismo, sin ninguna equivocación, reserva mental o auto-evasión mental en mí; atarme bajo pena no menor que me corten el cráneo y que mi cerebro quede expuesto a los abrasadores rayos del sol meridiano, en caso que, a sabiendas o intencionalmente, viole o transgreda cualquier parte de este, mi solemne juramento u obligación de un Maestro Masón del Real Arco. Así que ayúdame Dios, y mantenme firme en el debido desempeño del mismo.[22]

Si revela estos secretos, existe la pena que le corten la nariz.

Será deshonrado y su vida se perderá con dolor y tortura.[23]

Áreas de Impacto

- Casos judiciales continuos en lo natural
- En el espíritu, podría ser juzgado en circunstancias "antinaturales".
- Juicios injustos en su contra

---

[22] Duncan, 230.
[23] Mahoney, 179.

- Ser deshonrado en su lugar de trabajo por su familia / hijos (es decir, relaciones familiares rotas)
- Relaciones rotas sin motivo entre amigos
- Derramamiento de sangre inocente
- Reputación manchada debido a testigos falsos que hablaron en su contra
- Ser deshonrado o despedido
- Atormentado o con dolor físico
- Falta de discernimiento
- Ceguera espiritual
- Ser desmembrado o fragmentado en su espíritu, alma o cuerpo
- Exiliado
- Migrañas y dolores de cabeza
- Cánceres y enfermedades cerebrales
- Cánceres y enfermedades de piel[24]

Veredicto Falso

Los juicios de la Masonería son verdaderos y justos.

Escenario de la Sala de Audiencias

Juez Justo, pido entrar en la Corte de Apelaciones del Cielo este día en mi nombre y en nombre de mi linaje: pasado, presente y futuro. El veredicto falso introducido en el (7 °) Grado Preboste y Juez (E) o Maestro Masón del Arco Real (Y) que declara:

---

[24] Mahoney, 179.

Los juicios de la Masonería son verdaderos y justos.

Pido que este veredicto falso sea anulado en las Cortes del Cielo este día y reemplazado por un veredicto justo y que yo sea liberado de toda esclavitud resultante de mi participación en la Masonería.

Por cada juicio falso del que hemos sido responsables que ha resultado en injusticia en la vida de otros, nos arrepentimos por hacer esos juicios y pedimos que los cancele de inmediato y libere la restitución y la justicia a aquellos que han sido lastimados de cualquier manera que considere necesario.

Me arrepiento en mi nombre y en el de mi linaje por mi participación en la Masonería, por elegir este grado, por abrazar su rango, título, cargo, herramientas, insignias, privilegios, sus juramentos; por usar las palabras secretas, acciones y frases. Abdico todos los cargos que ocupo. Me arrepiento por abrazar el delantal manchado de sangre. No me di cuenta del todo de lo que estaba haciendo, ni tampoco mis antepasados. Te pido perdón este día. Me arrepiento de cada alineación impía con la que me enredé. Me arrepiento por exaltar los juicios del hombre por encima de los juicios del Señor. Renuncio a todo nivel de participación en la Masonería por parte de mis antepasados o mía. También renuncio a la obediencia ciega que se le exige a este grado y a los falsos juicios que resultaron de ella y me arrepiento por estar de acuerdo con estas mentiras.

Pido que se corten todas las conexiones y derechos con respecto a los falsos dioses de la Masonería y que se rompa cada maldición asociada en el nombre de Jesús. Pido perdón por mis acciones en la iniciación a este grado que introdujeron trauma y miedo en mí y en mi linaje. Pido que se eliminen el trauma y el miedo, en el nombre de Jesús. Pido que me liberen de todos los lugares de cautiverio. Pido que la libertad me sea entregada a mí y a mi linaje. Pido la restitución de todo lo perdido por los falsos dioses de la Masonería, en el nombre de Jesús. Pido la restauración completa de mi ADN al patrón que originalmente planeaste para mí.

[Una vez más, espere el veredicto mientras escucha atentamente las instrucciones adicionales. Una sensación de paz debe acompañar a un veredicto favorable dictado por el Juez Justo. También puede experimentar manifestaciones de sanidad y liberación a medida que las entidades anteriormente vinculadas salen de su vida. Regocíjese en su nueva libertad.]

[Una vez que se haya emitido un veredicto, ingrese a la Corte de Escribas para recibir el papeleo para este veredicto, luego a la Corte de Ángeles para que se envíen ángeles a cumplir las órdenes involucradas en el veredicto.]

Capítulo 8
8° Grado
Intendente de la Construcción (E)*

* Se pudo obtener información limitada sobre los ritos de iniciación de los niveles posteriores del Rito de York y, por lo tanto, no es suficiente para incluirla en este libro. El autor agradecería recibir información fidedigna sobre las ceremonias de iniciación del Rito de York.

Este grado en el sistema del Rito Escocés implica orar por dirección desde caminos falsos. Muchos de los ritos involucran un relato mítico de la muerte y la supuesta resurrección de alguien, Hiram Abiff, quien se presenta como un falso salvador y resucitado. Es un pobre sustituto de Jesucristo, el unigénito Hijo de Dios.

Consecuencias de la Divulgación

Acepta que le saquen los ojos, le corten el cuerpo en dos y le expongan los intestinos.

Áreas de Impacto

- Cánceres y enfermedades de estómago / intestino
- Perfeccionismo
- Orgullo y arrogancia
- Fácilmente engañado
- Eres demasiado bueno como para trabajar (es decir, perezoso)
- Contención contra su autoridad [25]*
- Contención contra autoridades externas

Estas áreas de impacto pueden sumarse a las enumeradas en los grados anteriores.

Veredictos Falsos

El amor, la caridad, la moralidad y la bondad que representamos son de naturaleza superior y guían todo lo que hacemos.

Los nobles no necesitan trabajar porque están por encima del trabajo.

Escenario de la Sala de Audiencias

Juez Justo, pido entrar en la Corte de Apelaciones del Cielo este día en mi nombre y en nombre de mi linaje: pasado, presente y futuro. El falso veredicto introducido en el (8º) Grado Intendente de la Construcción que declara:

---

[25] Mahoney, 179.

El amor, la caridad, la moralidad y la bondad que representamos son de naturaleza superior y guían todo lo que hacemos.

Los nobles no necesitan trabajar porque están por encima del trabajo.

Pido que estos veredictos falsos sean revocados en la Corte del Cielo este día y reemplazados por veredictos justos y que yo sea liberado de toda esclavitud resultante de mi participación en la Masonería.

El verdadero amor solo puede salir del corazón del Padre Dios como lo hace la verdadera caridad, moralidad y bondad. Todo lo demás nace de la falsedad.

Me arrepiento en mi nombre y en el de mi linaje por mi participación en la Masonería, por elegir este grado, por abrazar su rango, título, oficio, herramientas, insignias, privilegios, sus juramentos; y por abrazar su "camino sagrado". Abdico todos los cargos que ocupo. Ni mis antepasados ni yo nos dimos cuenta del todo de lo que estábamos haciendo. Te pido perdón este día. Me arrepiento de cada alineación impía con la que me enredé. También renuncio a todo nivel de participación en la Masonería por parte de mis antepasados o mía. Renuncio a la falsa perfección de este grado. Renuncio al orgullo, la arrogancia y el engaño. Renuncio a todo camino falso y te pido que me pongas en tu camino.

Pido que se corten todas las conexiones y derechos con respecto a los dioses de la Masonería y que se rompa toda maldición asociada en el nombre de Jesús. Pido que la libertad me sea entregada a mí y a mi linaje. Pido perdón por mis acciones en la iniciación a este grado que introdujeron trauma y miedo en mí y en mi linaje. Pido que se eliminen el trauma y el miedo, en el nombre de Jesús. Pido la liberación de todo lugar de cautiverio. Pido la restitución de todo lo perdido por los falsos dioses de la Masonería, en el nombre de Jesús. Pido la restauración completa de mi ADN al patrón que originalmente planeaste para mí.

Además, solicito la liberación inmediata de mi familia y la mía y la liberación inmediata de todos los miembros de mi linaje que han sido tomados cautivos por estos veredictos falsos.

[Una vez más, espere el veredicto mientras escucha atentamente las instrucciones adicionales. Una sensación de paz debe acompañar a un veredicto favorable dictado por el Juez Justo. También puede experimentar manifestaciones de sanidad y liberación a medida que las entidades anteriormente vinculadas salen de su vida. Regocíjese en su nueva libertad.]

[Una vez que se haya emitido un veredicto, ingrese a la Corte de Escribas para recibir la documentación para este veredicto, luego a la Corte de Ángeles para que se envíen ángeles a cumplir las órdenes involucradas en el veredicto.]

Capítulo 9
9° Grado
Maestro Elegido de los 9 (E)

Continuando con la historia mítica de Hiram Abiff, falso salvador, la Masonería continúa enseñando falsos ideales de "verdad, generosidad y franqueza", ideales construidos sobre el Árbol del Conocimiento del Bien y el Mal y no sobre el Árbol de la Vida.

Consecuencia de la Divulgación

Acepta que le cortarán la cabeza y la colgarán del poste más alto de Oriente.

Áreas de Impacto

- Contención contra su autoridad personal
- Miedo y terror
- Muerte
- Asesinato
- Asesinato
- Rebelión

- Falsa humildad
- Migrañas / dolores de cabeza
- Enfermedad mental
- Fragmentación de su voluntad y emociones
- Pensamiento disperso
- Decapitación
- Venganza / Represalias / Desquite
- Amargura y odio
- Conocimiento oculto
- Magia negra
- Persecución
- Ser apuñalado en el corazón
- Cánceres de cerebro
- Insomnio
- Buscando recompensa / reconocimiento del hombre[26]

Veredictos Falsos

La iluminación de la Masonería es superior en todos los sentidos.

La preservación de nuestra iluminación está totalmente permitida a cualquier precio.

Escenario de la Sala de Audiencias

Juez Justo, pido entrar en la Corte de Apelaciones del Cielo este día en mi nombre y en nombre de mi linaje: pasado, presente y futuro. Los veredictos falsos dictados en el 9º Grado Maestro Elegido de los 9 (E) que declaran:

---

[26] Mahoney, 180.

La iluminación de la Masonería es superior en todos los sentidos.

La preservación de nuestra iluminación está totalmente permitida a cualquier precio.

Pido que estos veredictos falsos sean revocados en las Cortes del Cielo este día y reemplazados por veredictos justos y que yo sea liberado de toda esclavitud resultante de mi participación en la Masonería.

Me arrepiento en mi nombre y en el de mi linaje por mi participación en la Masonería, por elegir este grado, por abrazar su rango, título, cargo, herramientas, insignias, privilegios, sus juramentos; por usar las palabras secretas, acciones y frases. Abdico todos los cargos que ocupo. Me arrepiento por abrazar y llevar el delantal salpicado de sangre. Me arrepiento por exigir venganza. Me arrepiento por buscar fuera de ti la iluminación y la verdad. No me di cuenta del todo de lo que estaba haciendo, ni tampoco mis antepasados. Te pido perdón este día. También renuncio a todo nivel de participación en la Masonería por parte de mis antepasados o mía. Por favor, perdóname y restaura una comprensión correcta de la iluminación y la verdad en mi vida.

Pido que se corten todas las conexiones y derechos con respecto a los dioses falsos de la Masonería y que se rompa toda maldición asociada en el nombre de Jesús. Pido que la libertad me sea entregada a mí y a mi linaje. Pido perdón por mis acciones en la iniciación a este grado que introdujeron trauma y miedo en mí y en mi linaje. Pido que se eliminen el trauma y el miedo, en el nombre de Jesús. Pido la liberación de todo lugar de cautiverio. Pido la restitución de todo lo perdido por los falsos dioses de la Masonería, en el nombre de Jesús. Pido la restauración completa de mi ADN al patrón que originalmente planeaste para mí.

Además, solicito la liberación inmediata de mi familia y la mía y la liberación inmediata de todos los miembros de mi linaje que han sido tomados cautivos por estos veredictos falsos.

[Como antes, escuche atentamente las instrucciones adicionales que le puedan dar. La paz debe venir como un veredicto dictado. Regocíjese en el nuevo nivel de libertad que ha ganado actuando de acuerdo con la Palabra de Dios y Sus instrucciones.]

[Una vez que se haya emitido un veredicto, ingrese a la Corte de Escribas para recibir la documentación para este veredicto, luego a la Corte de Ángeles para que se envíen ángeles a cumplir las órdenes involucradas en el veredicto.]

Capítulo 10
10° Grado
Maestro Elegido de los 15 (E)

Como continuación del grado anterior, se basa en el mito de Hiram Abiff, falso salvador. Un propósito de este mito en curso es poner en duda la eficacia de Jesús y su obra en la cruz y la subsiguiente resurrección. Se arroja más luz sobre los motivos de la Masonería leyendo un pequeño segmento de la ceremonia de iniciación para el 10° Grado:

> *Nuestra causa es por todas las personas que luchan contra la opresión; defender el Derecho y la Justicia contra la Tiranía; la causa del Libre Pensamiento, la Libertad de Expresión, la Libre Conciencia... así como estas luces brillan en este Capítulo, la luz de la libertad iluminará el mundo. Como brillan mis luces en este Capítulo, así brillará la luz de la tolerancia religiosa y política sobre el mundo... Como brillan mis luces en este*

Capítulo, así brillará la luz de la educación y la inteligencia en todos los rincones de la tierra.[27]

En la superficie, estos "ideales" pueden parecer nobles, pero son bastante subjetivos. Derecho, y la justicia es definida por ellos; la justicia es bastante subjetiva. Defender la causa de quienes luchan contra la opresión también es subjetivo, como lo ha demostrado la historia. Simplemente mire la historia de América del Sur y la cantidad de países que se fundaron como resultado de revoluciones motivadas por la Masonería (es decir, Simón Bolívar, un masón aclamado como revolucionario).

Finalmente, usted tiene la idea propuesta que "Libre pensamiento, Libertad de expresión y Libre conciencia" son "luz", pero no son lo que parecen. La filosofía del Libre Pensamiento se popularizó en la ahora humanista Francia, y fue Francia la que proporcionó las voces más influyentes a estos tres conceptos, todos los cuales excluyen una relación con Dios de cualquier manera.

Consecuencias de la Divulgación

Acepta que su cuerpo se abra perpendicular y horizontalmente por miedo al hombre;

Acepta estar expuesto durante ocho horas al aire libre para que las moscas se coman las entrañas;

---

[27] McClenechan.

Su cabeza sea cortada y puesta en el pináculo más alto del mundo;

Siempre estarás dispuesto a infligir el mismo castigo a los demás.[28]

Áreas de Impacto

- Incapaz de defender lo que es correcto
- Pereza
- Niebla mental y letargo
- Establece sus propios caminos y su forma de pensar
- Incapaz de recibir revelación porque su mentalidad la rechaza
- Mezcla (servir a Dios y a los ídolos)
- Violencia / ira / rabia
- Enfermedad y dolencia del cuerpo
- Inflamación
- Todos los traumatismos y enfermedades de la cabeza
- Todo tipo de cánceres y enfermedades de estómago
- Todos los trastornos de los intestinos
- Parásitos
- Podredumbre o descomposición en cuerpo, alma o espíritu
- Envenenamiento[29]

---

[28] Mahoney, 180.
[29] Mahoney, 180.

Veredictos Falsos

Los ideales del Libre Pensamiento, Libertad de Expresión y Libre Conciencia son "luz".

Nuestras causas son justas y correctas y la luz de nuestra libertad iluminará el mundo.

Escenario de la Sala de Audiencias

Juez Justo, pido entrar en la Corte de Apelaciones del Cielo este día en mi nombre y en nombre de mi linaje: pasado, presente y futuro. Los veredictos falsos dictados en el (10º) Grado Maestro Elegido de los 15 que declaran:

Los ideales de Libre Pensamiento, Libertad de Expresión y Libre Conciencia son "luz".

Nuestras causas son justas y correctas y la luz de nuestra libertad iluminará el mundo.

Pido que estos veredictos falsos sean revocados en las Cortes del Cielo este día y reemplazados por veredictos justos y que yo sea liberado de toda esclavitud resultante de mi participación en la Masonería.

Por cada juicio falso del que hemos sido responsables que ha resultado en injusticia en la vida de otros, nos arrepentimos por hacer esos juicios y pedimos que los cancele de inmediato y libere la restitución y la justicia a aquellos que han sido lastimados de cualquier manera que considere necesario.

Me arrepiento en mi nombre y en el de mi linaje por mi participación en la Masonería, por elegir este grado, por abrazar su rango, título, oficio, herramientas, insignias, privilegios, sus juramentos; por usar las palabras secretas, acciones y frases. Abdico todos los cargos que ocupo. Me arrepiento por aceptar y usar el delantal con la solapa negra. Pido perdón por mis acciones en la iniciación a este grado que introdujeron trauma y miedo en mí y en mi linaje. Pido que se eliminen el trauma y el miedo, en el nombre de Jesús. Pido que me liberen de todo lugar de cautiverio y me arrepiento de cada alineación impía con la que me enredé. Me arrepiento por abrazar las mentiras inherentes a este grado. Renuncio a todo nivel de participación en la Masonería por parte de mis antepasados o mía. También renuncio a la falsa luz de este grado en todas sus formas. No me di cuenta del todo de lo que estaba haciendo, ni tampoco mis antepasados. Te pido perdón este día. Recibo a Jesucristo como la única Luz Verdadera del Mundo. Que tu Palabra sea la lámpara a mis pies y la luz en mi camino.

Pido que se corten todas las conexiones y derechos con respecto a los dioses falsos de la Masonería y que se rompa toda maldición asociada en el nombre de Jesús. Pido que la libertad me sea entregada a mí y a mi linaje. Pido la restitución de todo lo perdido por los falsos dioses de la Masonería, en el nombre de Jesús. Pido la restauración completa de mi ADN al patrón que originalmente planeaste para mí.

[Como se hizo anteriormente, escuche las instrucciones adicionales. Espere la paz. Regocíjese en la nueva libertad.]

[Una vez que se haya emitido un veredicto, ingrese a la Corte de Escribas para recibir la documentación para este veredicto, luego a la Corte de Ángeles para que se envíen ángeles a cumplir las órdenes involucradas en el veredicto.]

Capítulo 11
11 ° Grado
Sublime Caballero Elegido (E)

El error judicial no preocupa a los involucrados en este nivel de la Masonería. Irónicamente, en los ritos de iniciación de este grado, el candidato promete "tratar con honestidad y equidad a todos los hombres, sin distinciones de personas, y asegurarse que nadie sea sometido a exacciones, extorsiones o imposición injusta de cargas".[30] Sin embargo, ya han hecho juramentos que permiten la violación de esta promesa. Si un compañero hermano necesita su ayuda, usted está obligado a ayudar incluso si causó "exacción, extorsión o imposición injusta de cargas".[31]

La versión de la Masonería de "justicia" no es justicia bíblica, ni es "justa"... es maldad.

---

[30] McClenechan, 122.
[31] McClenechan, 122.

Consecuencia de la Divulgación

Acepta que le corten las manos en dos.

Áreas de Impacto

- Maldición sobre el trabajo de sus manos
- Deformidad de las manos
- Acusador y crítico
- Ser juzgado injustamente
- Corazón ardiente de lujuria
- Corazón rebelde e impenitente
- Error involuntario con la justicia
- Dar falso testimonio[32]

* Recuerde, estas áreas pueden ser añadidas a las otras áreas ya acordadas por el iniciado.

Veredictos Falsos

Somos gobernadores, controladores de dinero y dispensadores de justicia.

Nuestra causa es justa y ningún Masón se arrepentirá por confiar en los principios de la Masonería.

Mentir está justificado para proteger el conocimiento supremo y la comprensión de la verdad del Masón.

---

[32] Mahoney, 180.

Escenario de la Sala de Audiencias

Juez Justo, pido entrar en la Corte de Apelaciones del Cielo este día en mi nombre y en el nombre de mi linaje: pasado, presente y futuro. Los veredictos falsos dictados en el (11°) Grado Sublime Caballero Elegido (E) que declaran:

Somos gobernadores, controladores de dinero y dispensadores de justicia.

Nuestra causa es justa y ningún Masón se arrepentirá por confiar en los principios de la Masonería.

Mentir está justificado para proteger el conocimiento supremo y la comprensión de la verdad del Masón.

Pido que estos veredictos falsos sean revocados en las Cortes del Cielo este día y reemplazados por veredictos justos y que yo sea liberado de toda esclavitud resultante de mi participación en la Masonería.

Me arrepiento en mi nombre y en el de mi linaje por mi participación en la Masonería, por elegir este grado, por abrazar su rango, título, cargo, herramientas, insignias, privilegios, sus juramentos; por usar las palabras secretas, acciones y frases. Abdico todos los cargos que ocupo. Me arrepiento por aceptar y usar joyas y el delantal blanco con el corazón en llamas. Me arrepiento por cada error judicial que ha ocurrido en los sistemas judiciales de nuestras tierras. También renuncio a todo nivel de participación en la Masonería por parte de mis antepasados o mía. Me arrepiento por buscar fuera de ti la justicia y administración de mis recursos. Tú solo debes gobernar mi vida. Me arrepiento por abrazar la mentira que no tengo necesidad de arrepentirme por abrazar las mentiras de la Masonería. Me arrepiento por creer la mentira que estoy justificado al mentir para proteger los secretos de la Masonería y me arrepiento por cada mentira que yo o mis antepasados dijeron para proteger los secretos. Me arrepiento de cada acto fraudulento motivado por mi participación en la Masonería. Por favor, perdóname y restaura una comprensión correcta de la justicia, la mayordomía y la integridad en mi vida. Me arrepiento por abrazar las mentiras inscritas en el delantal y por el miedo que introdujeron en mi vida y en mi linaje. No me di cuenta completamente de lo que estaba haciendo, ni tampoco mis antepasados, así que te pido perdón este día.

Pido que se corten todas las conexiones y derechos con respecto a los dioses falsos de la Masonería y que se rompa toda maldición asociada en el nombre de Jesús. Pido que la libertad me sea entregada a mí y a mi linaje. Pido restitución y restauración para todos los afectados por las injusticias de las que yo y mis antepasados hemos sido parte. Pido que sanen el ADN de los involucrados y los liberen de sus ataduras.

Pido perdón por mis acciones en la iniciación a este grado que introdujeron trauma y miedo en mí y en mi linaje. Pido que se eliminen el trauma y el miedo, en el nombre de Jesús. Pido la liberación de todo lugar de cautiverio. Pido la restitución de todo lo perdido por los falsos dioses de la Masonería, en el nombre de Jesús. Pido la restauración completa de mi ADN al patrón que originalmente planeaste para mí.

Además, solicito la liberación inmediata de mi familia y la mía y la liberación inmediata de todos los miembros de mi linaje que han sido tomados cautivos por estos veredictos falsos.

[Como antes, escuche atentamente las instrucciones adicionales que le puedan dar. La paz debe venir como un veredicto dictado. Regocíjese en el nuevo nivel de libertad que ha ganado actuando de acuerdo con la Palabra de Dios y Sus instrucciones.]

[Una vez que se haya emitido un veredicto, ingrese a la Corte de Escribas para recibir el papeleo para este veredicto, luego a la Corte de Ángeles para que se envíen ángeles a cumplir las órdenes involucradas en el veredicto.]

Capítulo 12
12 ° Grado
Gran Maestro Arquitecto (E)

En este grado, usted tiene el primer indicio real del objetivo final de la Masonería: la adoración y exaltación a Lucifer, cuyo nombre significa "portador de luz". Como se indica en los ritos de iniciación, "Es la verdadera Luz Masónica. El que obedece la ley Masónica la encontrará".[33] Estas son referencias disimuladas para objetivo final.

El candidato a este grado se compromete a lo siguiente:

Mi cuerpo será expuesto sobre una pirámide al calor del sol y al frío de la noche, a los rigores del viento y que mi sangre corra lentamente, gota a gota, hasta que el espíritu se extinga. Que se aumenten mis sufrimientos si les fallo. Que se me

---
[33] McClenechan, 133.

dé alimento a diario para prolongar y preservar una existencia miserable. Ningún castigo puede reparar suficientemente mi perjurio.[34]

¡Están de acuerdo con una vida de miseria que se extiende a todos sus herederos legales!

Consecuencias de la Divulgación

Acepta que su cuerpo debe ser expuesto en una pirámide al calor del sol y al frío de la noche, a los rigores del viento;

Acepta que su sangre corra lentamente, gota a gota, hasta que el espíritu se extingue;

Acepta que alguien pueda aumentar sus sufrimientos si les falla;

Acepta que se le dé alimento a diario para prolongar y preservar una existencia miserable;

Acepta que no existe ningún castigo que pueda expiar suficientemente su perjurio.[35]

Áreas de Impacto

- Depresión y opresión
- Pensamientos suicidas
- Simplemente sin alivio
- Espíritu quebrantado
- Vida de dolor y sufrimiento

---

[34] Mahoney, 72.
[35] Mahoney, 72.

- La vida se siente sin sentido
- Jactancioso / Orgulloso / Arrogante
- Ambición egoísta y codiciosa
- Derramamiento de sangre inocente
- Enfermedad crónica
- Muerte
- Asesinato
- Miseria prolongada
- Venganza / Represalias / Desquite
- Amargura y odio
- Conocimiento oculto
- Magia negra
- Persecución
- Ser apuñalado en el corazón
- Cánceres de cerebro
- Insomnio
- Búsqueda de recompensa / reconocimiento del hombre[36]

Veredictos Falsos

La "luz" del Masónico es la "luz verdadera".

Los ídolos de la Masonería son eternos y están protegidos por los guardias de Lucifer.

Ningún castigo puede reparar suficientemente mi perjurio por revelar los secretos de la Masonería.

---

[36] Mahoney, 181-182.

Escenario de la Sala de Audiencias

Juez Justo, pido entrar en la Corte de Apelaciones del Cielo este día en mi nombre y en nombre de mi linaje: pasado, presente y futuro. Los veredictos falsos dictados en el (12°) Grado Gran Maestro Arquitecto (E) que declaran:

La "luz" del Masónico es la "luz verdadera".

Los ídolos de la Masonería son eternos y están protegidos por los guardias de Lucifer.

Ningún castigo puede reparar suficientemente mi perjurio por revelar los secretos de la Masonería.

Pido que estos veredictos falsos sean revocados en las Cortes del Cielo este día y reemplazados por veredictos justos y que yo sea liberado de toda esclavitud resultante de mi participación en la Masonería.

Me arrepiento en mi nombre y en el de mi linaje por mi participación en la Masonería, por elegir este grado, por abrazar su rango, título, cargo, herramientas, insignias, privilegios, sus juramentos; por usar las palabras secretas, acciones y frases. Abdico todos los cargos que ocupo. Me arrepiento por abrazar y llevar el delantal bordado en azul con flecos de oro e impreso con las imágenes de la Masonería. También renuncio a todo nivel de participación en la Masonería por parte de mis antepasados o mía. Me arrepiento por creer la mentira que la luz Masónica es la luz verdadera. Me arrepiento por abrazar la mentira que los ídolos son eternos y están protegidos. Me arrepiento por aceptar el veredicto que ningún castigo puede reparar suficientemente mi perjurio por revelar los secretos de la Masonería. Como antes, no me di cuenta completamente de lo que estaba haciendo, ni tampoco mis antepasados. Te pido perdón este día. La sangre de Jesús es lo único que puede expiar completamente. Por favor, restaura un entendimiento correcto de la luz y la verdad en mi vida.

Pido que se corten todas las conexiones y derechos con respecto a los dioses falsos de la Masonería y que se rompa toda maldición asociada en el nombre de Jesús. Pido que la libertad me sea entregada a mí y a mi linaje. Pido que cada guardia demoníaco sea despojado de sus deberes y que ya no tengan impacto en mi vida o en mi linaje. Pido la restauración de todo lo que se ha perdido para mí y para mi linaje a lo largo de las generaciones. Pido perdón por mis acciones en la iniciación a este grado que introdujeron trauma y miedo en mí y en mi linaje. Pido que se eliminen el trauma y el miedo, en el nombre de Jesús. Pido la liberación de todo lugar de cautiverio. Pido la restitución de todo lo perdido por los falsos dioses de la Masonería, en el nombre de Jesús. Cancela la asignación de cada guardia demoníaco sobre mi vida. Pido la restauración completa de mi ADN al patrón que originalmente planeaste para mí.

Además, solicito la liberación inmediata de mi familia y la mía y la liberación inmediata de todos los miembros de mi linaje que han sido tomados cautivos por estos veredictos falsos.

[Como antes, escuche atentamente las instrucciones adicionales que le puedan dar. La paz debería venir como un veredicto dictado. Regocíjese en el nuevo nivel de libertad que ha ganado actuando de acuerdo con la Palabra de Dios y Sus instrucciones.]

[Una vez que se haya emitido un veredicto, ingrese a la Corte de Escribas para recibir la documentación para este veredicto, luego a la Corte de Ángeles para que se envíen ángeles a cumplir las órdenes involucradas en el veredicto.]

Capítulo 13
13 ° Grado
Maestro del Arco Real (E)

Este grado inicia el gran desenlace de aquellos conceptos que solo estaban disimulados de antemano. Ahora empiezan a salir a la luz. ¿Solo ahora, el candidato tiene una idea de a qué se inscribió? Mientras que las luces han sido extremadamente tenues, ahora están encendidas a plena potencia.

Aquí el G.A.O.T.U. (Gran Arquitecto del Universo) comienza a revelarse. No, no es Jehová Dios. No es el Gran Yo Soy. Es un impostor y usurpador: Lucifer.

Consecuencias de la Divulgación

Acepta sufrir todos los dolores de sus obligaciones pasadas y que su cuerpo quede expuesto a la ferocidad de las fieras;

Usted acepta que está sujeto a la orden para siempre a riesgo de su propia vida;

Acepta que su cerebro esté expuesto al sol ardiente;

Acepta que le corten las manos hasta el muñón, le arranquen los ojos de la órbitas, le partan el cuerpo en cuartos y lo arrojen a la basura del templo;

Acepta que le corten los pulgares, que le saquen los ojos, que le aten el cuerpo con cadenas y grilletes, y acepta ser llevado cautivo a una tierra extraña;

Está de acuerdo en que derribarán su casa y colgarán su cuerpo de las vigas;

Aceptas la maldición del deseo de muerte de Judas: que le corten la cabeza y la coloquen en el campanario de una iglesia.

Áreas de Impacto

- Torcer la Palabra de Dios
- Mentiras y engaños
- Reincidencia
- Ser fácilmente engañado
- Ser utilizado y aprovechado
- Falta de energía y fuerza
- Fatiga
- Enfermedades de la tiroides
- Enfermedades cerebrales
- Enfermedad mental
- Alzheimer / demencia
- Trastorno por déficit de atención (ADD) / Trastorno por déficit de atención con hiperactividad (ADHD) y condiciones similares
- Ceguera espiritual o física

- Desconectado en sus pensamientos
- Discapacidad
- Esclavizado al pecado (no puede romper los ciclos)
- Predisposición a las adicciones
- Construye, pero no puede establecer nada
- Contienda contra su autoridad
- Sentirse como un vagabundo / merodeador
- Accidentes raros[37]

Veredictos Falsos

La Masonería Inefable[38] es el Gran Misterio.

El Gran Arquitecto del Universo es el Gobernante Supremo de todas las cosas. Siempre lo ha sido y siempre lo será.

El G.A.O.T.U. puede ser adorado por todos los hombres, independientemente de su religión.

Estoy atado a la orden para siempre a riesgo de mi propia vida.

Escenario de la Sala de Audiencias

Juez Justo, pido entrar en la Corte de Apelaciones del Cielo este día en mi nombre y en nombre de mi linaje: pasado, presente y futuro. Los veredictos falsos dictados en el (13°) Grado Maestro del Arco Real (E) que declaran:

---

[37] Mahoney, 181.
[38] inefable – (Inefable) incapaz de expresarse con palabras (https://www.merriam-webster.com/dictionary/ineffable)

La Masonería Inefable es el Gran Misterio.

El Gran Arquitecto del Universo es el Gobernante Supremo de todas las cosas. Siempre lo ha sido y siempre lo será.

El G.A.O.T.U. puede ser adorado por todos los hombres, independientemente de su religión.

Estoy atado a la orden para siempre a riesgo de mi propia vida.

Pido que estos veredictos falsos sean revocados en las Cortes del Cielo este día y reemplazados por veredictos justos y que yo sea liberado de toda esclavitud resultante de mi participación en la Masonería.

Me arrepiento en mi nombre y en el de mi linaje por mi participación en la Masonería, por elegir este grado, por abrazar su rango, título, cargo, herramientas, insignias, privilegios, sus juramentos; por usar las palabras secretas, acciones, frases o números místicos. Abdico todos los cargos que ocupo. Me arrepiento por abrazar y llevar el delantal de terciopelo carmesí con símbolos Masónicos y por abrazar y llevar el cordón y la joya.

También renuncio a todo nivel de participación en la Masonería por parte de mis antepasados o mía. Me arrepiento de mirar a los impostores como la fuente de toda vida. Me arrepiento por acceder a los siete arcos místicos y te pido que limpies mi mente del conocimiento falso obtenido en estos lugares y lo reemplaces con conocimiento y entendimiento piadosos. Me arrepiento por mirar a Lucifer y no a ti. Me arrepiento por cualquier crédito que se le haya dado al Gran Arquitecto del Universo en mi vida o en mi linaje. Reconozco que el verdadero Gran Misterio es Cristo en mí como la esperanza de la Gloria. Me arrepiento de creer la mentira el G.A.O.T.U. puede ser adorado por todos los hombres, independientemente de su religión. Me arrepiento de aceptar el veredicto falso que estoy atado a la orden para siempre a riesgo de mi propia vida. No me di cuenta del todo de lo que estaba haciendo, ni tampoco mis antepasados. Te pido perdón este día. Por favor, perdóname y restaura una comprensión correcta de la justicia, la mayordomía, la integridad y de quién eres en mi vida.

Pido que se corten todas las conexiones y derechos con respecto a los dioses falsos de la Masonería y que se rompa toda maldición asociada en el nombre de Jesús. Pido que la libertad me sea entregada a mí y a mi linaje. Pido perdón por mis acciones en la iniciación a este grado que introdujeron trauma y miedo en mí y en mi linaje. Pido que se eliminen el trauma y el miedo, en el nombre de Jesús. Pido la liberación de todo lugar de cautiverio. Pido la restitución de todo lo perdido por los falsos dioses de la Masonería, en el nombre de Jesús. Pido la restauración completa de mi ADN al patrón que originalmente planeaste para mí.

[Como antes, escuche atentamente las instrucciones adicionales que le puedan dar. La paz debe venir

como un veredicto dictado. Regocíjese en el nuevo nivel de libertad que ha ganado actuando de acuerdo con la Palabra de Dios y Sus instrucciones.]

[Una vez que se haya emitido un veredicto, ingrese a la Corte de Escribas para recibir la documentación para este veredicto, luego a la Corte de Ángeles para que se envíen ángeles a cumplir las órdenes involucradas en el veredicto.]

Capítulo 14
14 ° Grado
Gran Escocés de la Bóveda Real (E)

A medida que el candidato avanza a través de los distintos niveles, se introducen y profanan versiones falsificadas del Lugar Santísimo, el Pan de la Proposición, el Menorah (candelabro) y una multitud de otras cosas. La profanación continúa mientras distorsionan historias de la Biblia para satisfacer sus necesidades. Incluso la lectura de los Diez Mandamientos se incluye en la ceremonia en la que leen el mandato de "no tener otros dioses delante de mí" mientras rezan a un dios falso.

Consecuencia de la Divulgación

Acepta que su cuerpo será abierto y sus intestinos removidos como alimento para los buitres.

Áreas de Impacto

- Participación en la brujería
- Locura
- Enfermedades del estómago y del intestino
- Muerte
- Astrología y conocimiento oculto
- Orgullo
- Espíritu del anticristo
- Venganza[39]

Veredictos Falsos

Nuestros secretos son supremos en su origen, en su naturaleza y en su propósito.

Jesús no murió por nuestros pecados ni resucitó de entre los muertos.

No hay más dios que el Gran Arquitecto del Universo (G.A.O.T.U.).

Escenario de la Sala de Audiencias

Juez Justo, pido entrar en la Corte de Apelaciones del Cielo este día en mi nombre y en nombre de mi linaje: pasado, presente y futuro. Los veredictos falsos dictados en el (14°) Grado Gran Escocés de la Bóveda Real (E) que declaran:

---

[39] Mahoney, 181.

Nuestros secretos son supremos en su origen, en su naturaleza y en su propósito.

Jesús no murió por nuestros pecados ni resucitó de entre los muertos.

No hay más dios que el Gran Arquitecto del Universo (G.A.O.T.U.).

Pido que estos veredictos falsos sean revocados en las Cortes del Cielo este día y reemplazados por veredictos justos y que yo sea liberado de toda esclavitud resultante de mi participación en la Masonería.

Me arrepiento en mi nombre y en el de mi linaje por mi participación en la Masonería, por elegir este grado, por abrazar su rango, título, cargo, herramientas, insignias, privilegios, sus juramentos; por usar las palabras secretas, acciones, frases o números místicos. Me arrepiento por aceptar estos veredictos falsos. Abdico todos los cargos que ocupo. Me arrepiento por el matrimonio con Lucifer.

También renuncio a todo nivel de participación en la Masonería por parte de mis antepasados o mía. Me arrepiento por creer la mentira que los "secretos" Masónicos son superiores a tu conocimiento. También me arrepiento por abrazar la mentira que "Jesús no murió por nuestros pecados ni resucitó de entre los muertos". No me di cuenta plenamente de lo que estaba haciendo, ni tampoco mis antepasados. Te pido perdón este día. Por favor, perdóname y restaura un entendimiento correcto de Tus secretos y la verdad en mi vida.

Pido que se corten todas las conexiones y derechos con respecto a los dioses falsos de la Masonería y que se rompa toda maldición asociada en el nombre de Jesús. Pido que la libertad me sea entregada a mí y a mi linaje. Pido perdón por mis acciones en la iniciación a este grado que introdujeron trauma y miedo en mí y en mi linaje. Pido que se eliminen el trauma y el miedo, en el nombre de Jesús. Pido el divorcio de Lucifer y todas sus contrapartes. Pido la liberación de todo lugar de cautiverio. Pido la restitución de todo lo perdido por los falsos dioses de la Masonería, en el nombre de Jesús. Pido la restauración completa de mi ADN al patrón que originalmente planeaste para mí.

Además, solicito la liberación inmediata de mi familia y la mía y la liberación inmediata de todos los miembros de mi linaje que han sido tomados cautivos por estos veredictos falsos.

[Como antes, escuche atentamente las instrucciones adicionales que le puedan dar. La paz debe venir como un veredicto dictado. Regocíjese en el nuevo nivel de libertad que ha ganado actuando de acuerdo con la Palabra de Dios y Sus instrucciones.]

[Una vez que se haya emitido un veredicto, ingrese a la Corte de Escribas para recibir la documentación para este veredicto, luego a la Corte de Ángeles para

que se envíen ángeles a cumplir las órdenes involucradas en el veredicto.]

Evitando el Tedium

Reconociendo que a medida que pasa a través de estas oraciones, su cuerpo y su alma podrían cargarse de lo que perciben como tedioso. Haga una pausa por un momento, póngase de pie (si es posible) y pida al espíritu santo que le refresque y mantenga alerta mientras lee a través de estas oraciones. Puede encontrar útil permanecer de pie mientras recibe los escenarios de la sala de audiencias.

Capítulo 15
15 ° Grado
Caballero de Oriente (E)

A medida que continúa el engaño, el candidato en este grado es llevado a una fraternidad de guerreros donde defenderán las "verdades" de la Masonería a toda costa. Se le entregan muchas insignias además de una espada.

Consecuencia de la Divulgación

Ninguno mencionado.

Áreas de Impacto

- Muerte y destrucción
- Problemas de sangre
- Pobreza
- Violencia
- Anarquía

- No puede caminar en libertad después de recibir[40]

Veredicto Falso

La libertad de la Masonería es la verdadera libertad.

Escenario de la Sala de Audiencias

Juez Justo, pido entrar en la Corte de Apelaciones del Cielo este día en mi nombre y en nombre de mi linaje: pasado, presente y futuro. El veredicto falso introducido en el (15°) Grado Caballero de Oriente (E) que declara:

La libertad de la Masonería es la verdadera libertad.

Pido que este veredicto falso sea revocado en las Cortes del Cielo este día y reemplazado con un veredicto justo y que yo sea liberado de toda esclavitud resultante de mi participación en la Masonería.

Me arrepiento en mi nombre y en el de mi linaje por mi participación en la Masonería, por elegir este grado, por abrazar su rango, título, cargo, herramientas, insignias, privilegios, sus juramentos; por usar las secretas palabras, acciones y frases. Abdico todos los cargos que ocupo. Me arrepiento por unirme a mí y a mi linaje con el Príncipe de Persia. También renuncio a todo nivel de participación en la Masonería por parte de mis

---

[40] Mahoney, 181-182.

antepasados o mía. Me arrepiento por creer la mentira que la libertad Masónica es la verdadera libertad. Como antes, no me di cuenta completamente de lo que estaba haciendo, ni tampoco mis antepasados. Por favor, perdóname y restaura una comprensión correcta de la libertad y la verdad en mi vida.

Pido que se corten todas las conexiones y derechos con respecto a los dioses falsos de la Masonería y que se rompa toda maldición asociada en el nombre de Jesús. Pido que este veredicto falso sea reemplazado por un veredicto justo y que la libertad sea entregada a mí y a mi linaje. Pido perdón por mis acciones en la iniciación a este grado que introdujeron trauma y miedo en mí y en mi linaje. Pido que se eliminen el trauma y el miedo, en el nombre de Jesús. Pido la liberación de todo lugar de cautiverio. Pido la restitución de todo lo perdido por los falsos dioses de la Masonería, en el nombre de Jesús. Pido la restauración completa de mi ADN al patrón que originalmente planeaste para mí.

Además, solicito la liberación inmediata de mi familia y la mía y la liberación inmediata de todos los miembros de mi linaje que han sido tomados cautivos por estos veredictos falsos.

[Como antes, escuche atentamente las instrucciones adicionales que le puedan dar. La paz debe venir como un veredicto dictado. Regocíjese en el nuevo nivel de libertad que ha ganado actuando de acuerdo con la Palabra de Dios y Sus instrucciones.]

[Una vez que se haya emitido un veredicto, ingrese a la Corte de Escribas para recibir la documentación para este veredicto, luego a la Corte de Ángeles para que se envíen ángeles a cumplir las órdenes involucradas en el veredicto.]

Capítulo 16
16 ° Grado
Príncipe de Jerusalén (E)

A medida que la artimaña continúa, este grado (junto con el 15) une al que lo recibe con el principado el Príncipe de Persia en el área espiritual. Se crea para el candidato una alianza impía que abre la puerta para que se revele más engaño en su vida.

Consecuencias de la Divulgación

Acepta que lo desnuden y que le atraviesen el corazón con una daga de ritual.[41]

Áreas de Impacto

- Muerte y tragedia en familias
- Control
- Injusticia

---

[41] Mahoney, 182.

- Dominación
- Intimidación
- Temor
- Violencia
- Rebelión hacia la autoridad
- Difamación
- Falta de sabiduría y revelación piadosas[42]

Veredictos Falsos

Los Masones son los custodios de la libertad.

Solo nosotros tenemos el imperio de la verdad.

Los Masones son custodios de la verdad.

La ley del hombre está por encima de la autoridad y el gobierno de Dios.

Escenario de la Sala de Audiencias

Juez Justo, pido entrar en la Corte de Apelaciones del Cielo este día en mi nombre y en nombre de mi linaje: pasado, presente y futuro. Los veredictos falsos dictados en el (16°) Grado Príncipe de Jerusalén (E) que declaran:

Los Masones son los custodios de la libertad.

Solo nosotros tenemos el imperio de la verdad.

Los Masones son custodios de la verdad.

---

[42] Mahoney, 182.

La ley del hombre está por encima de la autoridad y el gobierno de Dios.

Pido que estos veredictos falsos sean revocados en las Cortes del Cielo este día y reemplazados por veredictos justos.

Me arrepiento en mi nombre y en el de mi linaje por mi participación en la Masonería, por elegir este grado, por abrazar su rango, título, cargo, herramientas, insignias, privilegios, sus juramentos; por usar las palabras secretas, acciones y frases. Abdico todos los cargos que ocupo. También renuncio a todo nivel de participación en la Masonería por parte de mis antepasados o mía. Me arrepiento por creer la mentira que los Masones son los custodios de la libertad y que solo ellos son el imperio de la verdad. Me arrepiento por abrazar la mentira que los Masones son los custodios de la verdad. Por favor, perdóname y restaura una comprensión correcta de la libertad y la verdad en mi vida. Me arrepiento por creer que la ley del hombre está por encima de la autoridad y el gobierno de Dios. Me arrepiento por abrazar y hacer cumplir esa falsa creencia. Como antes, no me di cuenta completamente de lo que estaba haciendo, ni tampoco mis antepasados. Te pido perdón este día. Por favor, tráeme el entendimiento correcto y desarraiga toda rebelión contra ti, autoridad divina y gobierno piadoso, en el nombre de Jesús.

Pido que se corten todas las conexiones y derechos con respecto a los dioses falsos de la Masonería y que se rompa toda maldición asociada en el nombre de Jesús.

Pido que estos veredictos falsos sean reemplazados por veredictos justos y que la libertad sea entregada a mí y a mi linaje. Pido la restitución de todo lo perdido por los falsos dioses de la Masonería, en el nombre de Jesús. Pido perdón por mis acciones en la iniciación a este grado que introdujeron trauma y miedo en mí y en mi linaje. Pido que se eliminen el trauma y el miedo, en el nombre de Jesús. Pido la liberación de cada lugar de cautiverio, pido la restauración completa de mi ADN al patrón que originalmente planeaste para mí, entrego todas las puertas de mi vida al señorío de Jesús y pido que el Señor Jesús se establezca sobre cada puerta en mi vida.

Además, solicito la liberación inmediata de mi familia y la mía y la liberación inmediata de todos los miembros de mi linaje que han sido tomados cautivos por estos veredictos falsos.

[Como antes, escuche atentamente las instrucciones adicionales que le puedan dar. La paz debe venir como un veredicto dictado. Regocíjese en el nuevo nivel de libertad que ha ganado actuando de acuerdo con la Palabra de Dios y Sus instrucciones.]

[Una vez que se haya emitido un veredicto, ingrese a la Corte de Escribas para recibir la documentación para este veredicto, luego a la Corte de Ángeles para que se envíen ángeles a cumplir las órdenes involucradas en el veredicto.]

Capítulo 17
17 ° Grado
Caballero de Oriente y Occidente (E)

Los objetos de adoración del Sol y la Luna se introducen en esta ceremonia en la que el candidato se compromete a no ser contaminado por ganancias injustas, tiranía, opresión, codicia o injusticia. También juran lealtad a Lucifer. Este es el primer grado en el que se promete esta lealtad. El candidato es bautizado en esta nueva fe como parte de la ceremonia.

Además, el candidato sella sus juramentos con su propia sangre, creando un pacto de sangre que une a sus generaciones a sus acciones. El Venerable Preceptor luego sumerge su dedo en la sangre que ha sido derramada por las dos incisiones (en el codo y en la punta del dedo índice) y "unge" al candidato con su propia sangre haciendo la marca de una "T" en la piel de la frente del candidato. Se crea un convenio obligatorio legalmente para el cual se requiere el arrepentimiento para su desatadura. Después de arrodillarse y tomar el juramento, el candidato es "ungido". Esta unción es una falsificación del sacerdocio Levítico.

Finalmente, el uso de la palabra "Abadón" (Apocalipsis 9:11) invoca el espíritu de muerte en sus situaciones.

Consecuencias de la Divulgación

Usted acepta que no solo será deshonrado, sino que perderá su vida y todo lo que tiene;

Acepta la imposición de todas las torturas y dolores corporales consentidos en los grados anteriores.[43]

Áreas de Impacto

- Arrogancia
- Tortura y angustia en la mente
- Mutilación
- Terquedad
- Orgullo
- Atracciones hacia / participación en la Astrología
- Atracciones o participación en la adivinación
- Operar con dones ocultistas

---

[43] Mahoney, 182.

- Deshonra a los padres / o a personas con autoridad[44]

Veredictos Falsos

En Lucifer está nuestra luz y él es la verdadera luz.

Estamos en pacto con dios (Lucifer).

Muerte / Abadón / Apolión es el rey y el infierno ahora gobierna sobre los linajes.

Escenario de la Sala de Audiencias

Juez Justo, pido entrar en la Corte de Apelaciones del Cielo este día en mi nombre y en nombre de mi linaje: pasado, presente y futuro. Los veredictos falsos dictados en el (17°) Grado Caballero de Oriente y Occidente que declaran:

En Lucifer está nuestra luz y él es la verdadera luz.

Estamos en pacto con dios (Lucifer).

Muerte / Abadón / Apolión es el rey y el infierno ahora gobierna sobre los linajes.

Pido que estos veredictos falsos sean revocados en las Cortes del Cielo este día y reemplazados por un veredicto

---

[44] Mahoney, 182.

justo y que yo sea liberado de toda esclavitud resultante de mi participación en la Masonería.

Me arrepiento en mi nombre y en el de mi linaje por mi participación en la Masonería, por elegir este grado, por abrazar su rango, título, cargo, herramientas, insignias, privilegios, sus juramentos; por usar las palabras secretas, acciones, frases y recibir el cuello, el delantal, la joya, la corneta y el rosetón. Abdico todos los cargos que ocupo. Me arrepiento por deshonrar a la Gran Nube de Testigos. También renuncio a todo nivel de participación en la Masonería por parte de mis antepasados o mía. Me arrepiento por creer la mentira que Lucifer es nuestra luz, y él es la luz verdadera. Me arrepiento por creer que estaba en un pacto contigo, cuando de hecho entré en un pacto con Lucifer. Me arrepiento por abrazar la mentira que la Muerte, Abadón / Apolión es el rey y que el infierno ahora gobierna mi linaje. No me di cuenta del todo de lo que estaba haciendo, ni tampoco mis antepasados. Por favor, perdóname y restaura un correcto entendimiento de la luz y la verdad en mi vida.

Pido que se corten todas las conexiones y derechos con respecto a los dioses falsos de la Masonería y que se rompa toda maldición asociada en el nombre de Jesús. Pido que estos veredictos falsos sean reemplazados por veredictos justos y que la libertad sea entregada a mí y a mi linaje. Pido que se disuelva todo pacto de sangre y que se anule todo acuerdo en el piso de negociación.

Pido perdón por mis acciones en la iniciación a este grado que introdujeron trauma y miedo en mí y en mi linaje. Pido que se eliminen el trauma y el miedo, en el nombre de Jesús. Pido la liberación de todo lugar de cautiverio y la disolución de toda negociación. Pido la restitución de todo lo perdido por los falsos dioses de la Masonería, en el nombre de Jesús. Pido la restauración completa de mi ADN al patrón que originalmente planeaste para mí.

Además, solicito la liberación inmediata de mi familia y la mía y la liberación inmediata de todos los miembros de mi linaje que han sido tomados cautivos por estos veredictos falsos.

[Como antes, escuche atentamente las instrucciones adicionales que le puedan dar. La paz debe como un veredicto dictado. Regocíjese en el nuevo nivel de libertad que ha ganado actuando de acuerdo con la Palabra de Dios y Sus instrucciones.]

[Una vez que se haya emitido un veredicto, ingrese a la Corte de Escribas para recibir la documentación para este veredicto, luego a la Corte de Ángeles para que se envíen ángeles a cumplir las órdenes involucradas en el veredicto.]

Capítulo 18
18 ° Grado
Soberano Príncipe Rosacruz (E)

Honestamente revisar las Consecuencias de la Divulgación pertenecientes a este grado hace que uno se pregunte genuinamente cómo una persona podría involucrarse en la Masonería. Sin embargo, en la mente del masón, todo lo que hacen es justificable. Sienten que cualquier traidor se merece lo que le espera. Esto no está de acuerdo con su énfasis en la "caridad" y el "amor fraternal", pero, de nuevo, si uno revela los "secretos" ya no es un hermano, sino un traidor.

Este grado enfatiza que el hombre debe tener un nuevo templo en el cual adorar a Dios; uno creado a partir de los principios de la Masonería y orientado a adorar al dios de la Masonería, Lucifer. Este nivel enfatiza tanto la "universalidad" como la "tolerancia" y que todas las religiones conducen a lo mismo.

Consecuencias de la Divulgación

Usted está de acuerdo en estar perpetuamente en la oscuridad, y que su sangre fluya continuamente de su cuerpo;

Acepta sufrir sin interrupción el cruel remordimiento del alma;

Acepta que la hiel más amarga mezclada con vinagre sea tu bebida constante;

Acepta que las espinas más afiladas sean su almohada y la muerte de cruz complete su castigo;

Acepta que se le dé alimento a diario para prolongar y preservar una existencia miserable;

Acepta que no existe ningún castigo que pueda reparar suficientemente su perjurio.[45]

Áreas de Impacto

- Ceguera (espiritual y física)
- Auto-desprecio y odio
- Angustia de la mente
- Condena continua
- Búsqueda de recompensa / reconocimiento del hombre
- Dolor y tristeza
- Ser apuñalado en el corazón
- Miseria prolongada
- Justicia propia

---

[45] Mahoney, 182-183.

- Amargura / Falta de perdón
- Sueños atormentadores
- Autolesión (cortarse)
- Conocimiento de lo oculto
- Magia negra
- Muerte / Asesinato
- Venganza / Represalias / Desquite
- Amargura y odio
- Persecución
- Enfermedad y dolor en su cuerpo
- Problemas de digestión
- Problemas de sangre
- Enfermedades cerebrales y enfermedades mentales
- Cánceres de cerebro
- Enfermedad crónica
- Insomnio[46]

Veredictos Falsos

El lenguaje del Masón del Rito Escocés habla al corazón.

Todas las religiones apuntan a un solo Dios.

El Arquitecto Supremo es el dador de vida eterna.

Todos los hombres son iguales en sus creencias religiosas.

Nuestra es la fe verdadera, esperanza y caridad.

---

[46] Mahoney, 182-183.

Representamos el verdadero cristianismo.

Mi auto-sacrificio me salva de la muerte.

Escenario de la Sala de Audiencias

Juez Justo, pido entrar en la Corte de Apelaciones del Cielo este día en mi nombre y en nombre de mi linaje: pasado, presente y futuro. Los veredictos falsos dictados en el (18º) Grado Soberano Príncipe Rosacruz que declaran:

El lenguaje del Masón del Rito Escocés habla al corazón.

Todas las religiones apuntan a un solo Dios.

El Arquitecto Supremo es el dador de vida eterna.

Todos los hombres son iguales en sus creencias religiosas.

Nuestra es la fe verdadera, esperanza y caridad.

Representamos el verdadero cristianismo.

Mi auto-sacrificio me salva de la muerte.

Pido que estos veredictos falsos sean revocados en las Cortes del Cielo este día y reemplazados por veredictos justos y que yo sea liberado de toda esclavitud resultante de mi participación en la Masonería.

Me arrepiento en mi nombre y en el de mi linaje por mi participación en la Masonería, por elegir este grado, por aceptar su rango, título, oficio, herramientas, insignias, privilegios, sus juramentos; por usar las palabras secretas, acciones y frases. Abdico todos los cargos que ocupo. También renuncio a todo nivel de participación en la Masonería por parte de mis antepasados o mía. Me arrepiento por creer la mentira que el lenguaje del masón de Rito Escocés habla al corazón y que todas las religiones apuntan a un solo Dios. Por favor, perdóname por aceptar estas mentiras y restaura un correcto entendimiento de la verdad en mi vida. También me arrepiento por creer que "todos los hombres son iguales en sus creencias de fe" y que la Masonería representa la verdadera fe, esperanza y caridad; y que representa el verdadero cristianismo; que mi auto-sacrificio me salva de la muerte. Esos son engaños que he abrazado. Me arrepiento por cada oración a Lucifer. También me arrepiento por permitirme ser cubierto con el velo negro. Perdóname por favor. Como antes, no me di cuenta completamente de lo que estaba haciendo, ni tampoco mis antepasados. Te pido perdón este día.

Pido que se corten todas las conexiones y los derechos con respecto a los falsos dioses de la Masonería y que se rompa cada maldición asociada en el nombre de Jesús y que la libertad sea entregada a mí y a mi linaje. Pido perdón por mis acciones en la iniciación a este grado que introdujeron trauma y miedo en mí y en mi linaje. Pido que se eliminen el trauma y el miedo, en el nombre de Jesús. Pido la liberación de todos los lugares de cautiverio, pido la cancelación de todos los intercambios que hice. Levanta el velo de mis ojos por favor. Pido la restitución de todo lo perdido por los falsos dioses de la Masonería, en el nombre de Jesús. Pido la restauración completa de mi ADN al patrón que originalmente planeaste para mí.

Además, solicito la liberación inmediata de mi familia y la mía y la liberación inmediata de todos los miembros de mi linaje que han sido tomados cautivos por estos veredictos falsos.

[Ahora, escuche atentamente las instrucciones adicionales que le puedan dar. La paz debe venir como un veredicto dictado. Regocíjese en el nuevo nivel de libertad que ha ganado actuando de acuerdo con la Palabra de Dios y Sus instrucciones.]

[Una vez que se haya emitido un veredicto, ingrese a la Corte de Escribas para recibir el papeleo para este veredicto, luego a la Corte de Ángeles para que se envíen ángeles a cumplir las órdenes involucradas en el veredicto.]

Capítulo 19
19 ° Grado
Gran Pontífice
o Sublime Escocés (E)

Un falso sacerdocio de Melquisedec se introduce en este grado en el que el candidato está consagrado. El Maestro de Logia en este nivel se compara directamente con Jesucristo y se lo conoce como el "Tres Veces Poderoso".

Consecuencias de la Divulgación

Acepta que será aclamado como un falso Caballero y un Sacerdote infiel, por todo hombre honesto y verdadero Caballero en todo el mundo.[47]

---

[47] Mahoney, 183.

Áreas de Impacto

- Injusticia
- Rechazo
- Ser fácilmente influenciado y controlado por otros
- Tener ciclos de relaciones rotas
- Ingratitud
- Delirio
- Luchas y desunión
- Intolerancia
- Fanatismo
- Superstición
- Ignorancia
- Crueldad
- Asesinato[48]

Veredictos Falsos

El sacerdocio Masónico es un sacerdocio legítimo.

El Tres Veces Poderoso es un representante de Jesucristo.

La salvación es una recompensa por las buenas obras que he hecho por la humanidad.

Puedo servir mejor a la causa de la Verdad y la Luz desde este grado.

---

[48] Mahoney, 183.

Escenario de la Sala de Audiencias

Juez Justo, pido entrar en la Corte de Apelaciones del Cielo este día en mi nombre y en nombre de mi linaje: pasado, presente y futuro. Los veredictos falsos dictados en el (19º) Grado Gran Pontífice o Sublime Escocés (E) que declaran:

El sacerdocio Masónico es un sacerdocio legítimo.

El Tres Veces Poderoso es un representante de Jesucristo.

La salvación es una recompensa por las buenas obras que he hecho por la humanidad.

Puedo servir mejor a la causa de la Verdad y la Luz desde este grado.

Pido que estos veredictos falsos sean revocados en las Cortes del Cielo este día y reemplazados por veredictos justos y que yo sea liberado de toda esclavitud resultante de mi participación en la Masonería.

Me arrepiento en mi nombre y en el de mi linaje por mi participación en la Masonería, por elegir este grado, por aceptar su rango, título, oficio, herramientas, insignias, privilegios, sus juramentos; por usar las palabras secretas, acciones y frases. Abdico todos los cargos que ocupo. También renuncio a todo nivel de participación en la Masonería por parte de mis antepasados o mía. Me arrepiento por creer la mentira que el sacerdocio Masónico es un sacerdocio legítimo.

Me arrepiento por creer la mentira que el Tres Veces Poderoso es un verdadero representante de Jesucristo. Y me arrepiento por creer la mentira que la salvación es una recompensa por las buenas obras que he hecho por la humanidad; me arrepiento también por creer que puedo servir mejor a la causa de la Verdad y la Luz desde este grado; me arrepiento por diezmar al falso Melquisedec. Me arrepiento de esas negociaciones. Cancélalas. Me arrepiento por permitirme ser puesto bajo el sello de este falso tribunal. Por favor, perdóname y libérame de estos lazos. No me di cuenta del todo de lo que estaba haciendo, ni tampoco mis antepasados. Te pido perdón este día. Restaura un entendimiento correcto de quién eres y de la salvación por la fe en Jesucristo en mi vida.

Pido que se corten todas las conexiones y derechos con respecto a los dioses falsos de la Masonería y que se rompa toda maldición asociada en el nombre de Jesús. Pido que estos veredictos falsos sean reemplazados por veredictos justos y que la libertad sea entregada a mí y a mi linaje. Pido perdón por mis acciones en la iniciación a este grado que introdujeron trauma y miedo en mí y en mi linaje. Pido que se eliminen el trauma y el miedo, en el nombre de Jesús. Pido la liberación de todo lugar de cautiverio. Pido la restitución de todo lo perdido por los falsos dioses de la Masonería, en el nombre de Jesús. Pido la restauración completa de mi ADN al patrón que originalmente planeaste para mí.

Además, solicito la liberación inmediata de mi familia y la mía y la liberación inmediata de todos los miembros de mi linaje que han sido tomados cautivos por estos veredictos falsos.

[Como antes, escuche atentamente las instrucciones adicionales que le puedan dar. La paz debe venir como un veredicto dictado. Regocíjese en el nuevo nivel de libertad que ha ganado actuando de acuerdo con la Palabra de Dios y Sus instrucciones.]

[Una vez que se haya emitido un veredicto, ingrese a la Corte de Escribas para recibir la documentación para este veredicto, luego a la Corte de Ángeles para que se envíen ángeles a cumplir las órdenes involucradas en el veredicto.]

Capítulo 20
20 ° Grado
Venerable Maestro
de Todas las Logias (E)

El candidato a este grado es presentado a las "9 Grandes Luces" de la verdad Masónica; aunque estas son simplemente más vías de engaño. Uno de los objetivos de este grado es preparar a quienes un día se convertirán en Grandes Maestros sobre otra Logia o asumirán el liderazgo en la actual. Se convierten en "educadores" de la "luz" Masónica. El candidato está encargado a preservar la Masonería en su pureza primitiva.[49]

Consecuencias de la Divulgación

Ninguno mencionado.

---

[49] McClenechan, 303.

Áreas de Impacto

- Conducir a otros al engaño
- Superstición
- Fundaciones inestables[50]
- Propensión al engaño
- Incapacidad para mantenerse firme en la verdad

*Recuerde que las Áreas de Impacto también se suman a las ya enumeradas en otros grados.

Veredictos Falsos

Las 9 Grandes Luces son la verdad.

Es nuestro deber educar a todos los hombres en las verdades de la Masonería.

Escenario de la Sala de Audiencias

Juez Justo, pido entrar en la Corte de Apelaciones del Cielo este día en mi nombre y en nombre de mi linaje: pasado, presente y futuro. Los veredictos falsos dictados en el (20º) Grado Venerable Maestro de Todas las Logias (E) que declaran:

Las 9 Grandes Luces son la verdad.

Es nuestro deber educar a todos los hombres en las verdades de la Masonería.

---

[50] Mahoney, 183.

Pido que estos veredictos falsos sean revocados en las Cortes del Cielo este día y reemplazados por veredictos justos y que yo sea liberado de toda esclavitud resultante de mi participación en la Masonería.

Me arrepiento en mi nombre y en el de mi linaje por mi participación en la Masonería, por elegir este grado, por aceptar su rango, título, oficio, herramientas, insignias, privilegios, sus juramentos; por usar las palabras secretas, acciones y frases. Abdico todos los cargos que ocupo. Me arrepiento de abrazar y llevar el delantal, el cordón y la joya. Me arrepiento por aceptar y usar el mazo. También renuncio a todo nivel de participación en la Masonería por parte de mis antepasados o mía. Me arrepiento por creer la mentira que las 9 Grandes Luces son la verdad y que es mi deber educar a otros en estas "verdades". No me di cuenta del todo de lo que estaba haciendo, ni tampoco mis antepasados. Te pido perdón este día. Por favor, perdóname y restaura un correcto entendimiento de la luz y la verdad en mi vida.

Pido que se corten todas las conexiones y derechos con respecto a los dioses falsos de la Masonería y que se rompa toda maldición asociada en el nombre de Jesús. Pido que estos veredictos falsos sean reemplazados por veredictos justos y que la libertad sea entregada a mí y a mi linaje. Pido perdón por mis acciones en la iniciación a este grado que introdujeron trauma y miedo en mí y en mi linaje. Pido que se eliminen el trauma y el miedo, en el nombre de Jesús. Pido la liberación de todo lugar de cautiverio. Pido la restitución de todo lo perdido por los falsos dioses de la Masonería, en el nombre de Jesús. Pido que se deshaga todo juicio falso que presidí y que se libere a todos los cautivos. Pido la restauración completa de mi ADN al patrón que originalmente planeaste para mí.

Además, solicito la liberación inmediata de mi familia y la mía y la liberación inmediata de todos los miembros de mi linaje que han sido tomados cautivos por estos veredictos falsos.

[Como antes, escuche las instrucciones; espere la paz. Regocíjese en su libertad.]

[Una vez que se haya emitido un veredicto, ingrese a la Corte de Escribas para recibir la documentación para este veredicto, luego a la Corte de Ángeles para que se envíen ángeles a cumplir las órdenes involucradas en el veredicto.]

Capítulo 21
21° Grado
Noaquita o Caballero prusiano (E)

La enseñanza se centra en la luna y los antiguos misterios de Egipto, sin embargo, como en un grado anterior, se habla mucho de cuán justos son ellos en sus tratos en las cortes, y sobre cómo se supone que deben ayudar a obtener justicia. Sin embargo, las experiencias de muchas personas a lo largo de la historia probarán lo contrario.

Las reuniones de iniciación para este grado solo se podían llevar a cabo en luna llena, lo que indica una preferencia al culto a la luna, una antigua práctica pagana que no tiene lugar en la vida de un creyente.

Las promesas hechas por el candidato parecen ser suficientemente nobles a simple vista, pero el trasfondo sigue siendo la máxima devoción a Lucifer.

Este grupo particular de masones se encargaba de impartir justicia Y juicio de acuerdo con los preceptos masónicos. Se hicieron una ley para sí mismos al caer bajo el falso veredicto que la ley de la Orden estaba por encima de la ley del país.

Consecuencias de la Divulgación

Ninguno mencionado.

Áreas de Impacto

- Injusticia
- Protección de causas injustas / malvadas
- Secretos y mentiras
- Lealtad al mal
- Fascinación por los dioses de Egipto
- Confusión
- Caos
- Silencio (pérdida del habla)[51]
- Incapacidad para hablar en contra de la injusticia

Veredictos Falsos

Nos hemos puesto como jueces en la tierra, y nuestros juicios son inapelables[52]*; nuestros juicios son rectos y justos.*

Somos designados como dispensadores de justicia y juicio en la tierra.

---

[51] Mahoney, 183.
[52] El hecho que ellos declaren que sus juicios son inapelables no significa que sea así. Debido a que se originaron en las Cortes del Infierno, el sistema superior de Cortes del Cielo puede apelar cualquier sentencia que ellos elaboren.

Me he convertido en un soldado del sufrimiento.

Escenario de la Sala de Audiencias

Juez Justo, pido entrar en la Corte de Apelaciones del Cielo este día en mi nombre y en nombre de mi linaje: pasado, presente y futuro. Los veredictos falsos dictados en el (21°) Grado Noaquita o Caballero prusiano (E) que declaran:

Nos hemos puesto como jueces en la tierra, y nuestros juicios son inapelables; nuestros juicios son correctos y justos.

Somos designados como dispensadores de justicia y juicio en la tierra.

Me he convertido en un soldado del sufrimiento.

Pido que estos veredictos falsos sean revocados en las Cortes del Cielo este día y reemplazados por veredictos justos y que yo sea liberado de toda esclavitud resultante de mi participación en la Masonería.

Me arrepiento en mi nombre y en el de mi linaje por mi participación en la Masonería, por elegir este grado, por aceptar su rango, título, oficio, herramientas, insignias, privilegios, sus juramentos; por usar las palabras secretas, acciones y frases. Abdico todos los cargos que ocupo. Como antes, también renuncio a todo nivel de participación en la Masonería de mis antepasados o mía. Me arrepiento por creer la mentira que el sacerdocio Masónico es un sacerdocio legítimo.

Me arrepiento por creer la mentira que nos hemos puesto como jueces en la tierra y nuestros juicios son inapelables y que nuestros juicios son correctos y justos. Me arrepiento por aceptar, creer y hacer cumplir esa mentira. Me arrepiento por convertirme en un soldado del sufrimiento. Deshaz ese cargo en mi vida y en mi linaje.

Me arrepiento por aceptar, creer y hacer cumplir la mentira que somos designados como dispensadores de justicia y juicio en la tierra. Por favor, perdóname y restaura una correcta comprensión del juicio y la justicia en mi vida. Reconozco que no somos una ley en nosotros mismos. Me arrepiento por intercambiar mi ADN con la espada de la Masonería. Te pido que anules esa negociación conmigo y mi linaje. Me arrepiento por la adoración a la luna y a el dios de Hermes. Me arrepiento por creerme inocente cuando en realidad soy culpable. No me di cuenta del todo de lo que estaba haciendo, ni tampoco mis antepasados. Te pido perdón este día.

Pido que se corten todas las conexiones y derechos con respecto a los dioses falsos de la Masonería y que se rompa toda maldición asociada en el nombre de Jesús. Pido que estos veredictos falsos sean reemplazados por veredictos justos y que la libertad sea entregada a mí y a mi linaje. Pido perdón por mis acciones en la iniciación a este grado que introdujeron trauma y miedo en mí y en mi linaje. Pido que se eliminen el trauma y el miedo, en el nombre de Jesús. Pido que me liberen de todos los lugares de cautiverio. Pido la restitución de todo lo perdido por los falsos dioses de la Masonería, en el nombre de Jesús. Pido la restauración completa de mi ADN al patrón que originalmente planeaste para mí.

Además, solicito la liberación inmediata de mi familia y la mía y la liberación inmediata de todos los miembros de mi linaje que han sido tomados cautivos por estos veredictos falsos.

[Como antes, escuche atentamente las instrucciones adicionales que le puedan dar. La paz debe venir como un veredicto dictado. Regocíjese en el nuevo nivel de libertad que ha ganado actuando de acuerdo con la Palabra de Dios y Sus instrucciones.]

[Una vez que se haya emitido un veredicto, ingrese a la Corte de Escribas para recibir el papeleo para este veredicto, luego a la Corte de Ángeles para que se envíen ángeles a cumplir las órdenes involucradas en el veredicto.]

Capítulo 22
22 ° Grado
Caballero del Hacha Real (E)

El mensaje de este grado es que uno puede ganar recompensas y aprobación de Lucifer al demostrar que los masones son diligentes en su ética de trabajo: las obras demuestran su valía ante Dios.

Consecuencias de la Divulgación

Usted acepta que se esforzará, trabajará y enfrentará dificultades y nunca podrá mantener el fruto de su trabajo;

Acepta que el esfuerzo del cerebro, el corazón y las manos son los únicos signos verdaderos de masculinidad y nobleza genuina;

Acepta que no hay descanso físico, mental o espiritual;

Acepta que quedará expuesto en el pináculo más alto de la montaña y morirá miserablemente en las nieves perpetuas.[53]

Áreas de Impacto

- Trabaja duro, pero no tiene nada que demostrar
- Estudia mucho, pero no puede retener información
- Parece que nunca se toma un descanso
- Inquietud en su trabajo, matrimonio y familia
- Cansancio y fatiga
- Falta de energía
- Pone las finanzas en un bolsillo con agujeros
- Aplastar a las personas para obtener una posición
- Aprovecharse del trabajo de otros
- No ser tomado en cuenta para promoción
- Celos
- Adicción al trabajo - negligencia hacia la familia
- Ociosidad
- Adicciones de todo tipo
- Pecado sexual
- Embriaguez
- Juegos de azar
- Enfermedad crónica
- Muerte
- Asesinato
- Miseria prolongada
- Venganza / Represalias / Desquite

---

[53] Mahoney, 128.

- Amargura y odio
- Conocimiento de lo oculto
- Magia negra
- Persecución
- Ser apuñalado en el corazón
- Cánceres de cerebro
- Insomnio
- Búsqueda de recompensa / reconocimiento del hombre[54]

Veredictos Falsos

Las obras prueban mi valía ante Dios.

El masón puede obtener la aprobación y las recompensas de la Deidad a través de sus obras.

El esfuerzo del cerebro, el corazón y las manos son los únicos signos verdaderos de masculinidad y nobleza genuina.[55]

Se esforzará, trabajará y enfrentará dificultades y nunca podrá mantener el fruto de su trabajo.

No hay descanso físico, mental o espiritual.[56]

Escenario de la Sala de Audiencias

Juez Justo, pido entrar en la Corte de Apelaciones del Cielo este día en mi nombre y en nombre de mi linaje:

---

[54] Mahoney, 183-184.
[55] Mahoney, 120.
[56] Mahoney, 120.

pasado, presente y futuro. Los veredictos falsos en el (22°) Grado Caballero del Hacha Real (E) que declaran:

Las obras prueban mi valía ante Dios.

El masón puede obtener la aprobación y las recompensas de la Deidad a través de sus obras.

El esfuerzo del cerebro, el corazón y las manos son los únicos signos verdaderos de masculinidad y nobleza genuina.[57]

Se esforzará, trabajará y enfrentará dificultades y nunca podrá mantener el fruto de su trabajo.

No hay descanso físico, mental o espiritual.

Pido que estos veredictos falsos sean revocados en las Cortes del Cielo este día y reemplazados por veredictos justos y que yo sea liberado de toda esclavitud resultante de mi participación en la Masonería.

Me arrepiento en mi nombre y en el de mi linaje por mi participación en la Masonería, por elegir este grado, por aceptar su rango, título, oficio, herramientas, insignias, privilegios, sus juramentos; por usar las palabras secretas, acciones y frases. Abdico todos los cargos que ocupo. Me arrepiento por llevar el delantal bordeado de púrpura que simboliza el derecho real de ser inocente de todos los cargos. También renuncio a todo nivel de participación en la Masonería por parte de

---

[57] Mahoney, 120.

mis antepasados o mía. Me arrepiento por creer la mentira que "las obras prueban mi valía ante Dios" y que "el masón puede ganar la aprobación y las recompensas de la Deidad a través de las obras".

Me arrepiento por creer que el esfuerzo del cerebro, el corazón y las manos son los únicos signos verdaderos de masculinidad y nobleza genuina. Me arrepiento por creer que me esforzaré, trabajaré y enfrentaré dificultades y nunca podré mantener el fruto de mi trabajo. Me arrepiento por creer que no hay descanso físico, mental o espiritual. En ti encuentro mi descanso.

Como antes, no me di cuenta completamente de lo que estaba haciendo, ni tampoco mis antepasados. Te pido perdón este día. Por favor, perdóname y restaura una comprensión correcta de la luz, la verdad, el trabajo, la masculinidad (o la feminidad), el esfuerzo, el trabajo y el descanso en mi vida. Permíteme entrar en tu reposo, gracias porque soy aceptado en el Amado.

Pido que se corten todas las conexiones y derechos con respecto a los dioses falsos de la Masonería y que se rompa toda maldición asociada en el nombre de Jesús. Pido que estos veredictos falsos sean reemplazados por veredictos justos y que la libertad sea entregada a mí y a mi linaje. Pido perdón por mis acciones en la iniciación a este grado que introdujeron trauma y miedo en mí y en mi linaje. Pido que se eliminen el trauma y el miedo, en el nombre de Jesús. Pido la liberación de todo lugar de cautiverio. Pido la restitución de todo lo perdido por los falsos dioses de la Masonería, en el nombre de Jesús. Pido la restauración completa de mi ADN al patrón que originalmente planeaste para mí.

Además, solicito la liberación inmediata de mi familia y la mía y la liberación inmediata de todos los miembros de mi linaje que han sido tomados cautivos por estos veredictos falsos.

[Como antes, escuche las instrucciones; espere la paz. Regocíjese en su libertad.]

[Una vez que se haya emitido un veredicto, ingrese a la Corte de Escribas para recibir la documentación para este veredicto, luego a la Corte de Ángeles para que se envíen ángeles a cumplir las órdenes involucradas en el veredicto.]

Capítulo 23
23 ° Grado
Jefe del Tabernáculo (E)

Se requiere una falsa pureza de quienes reciben este título. Habiendo pasado por todos los grados anteriores, se les considera lo suficientemente "puros" para alcanzar esta posición: "y solo aquellos con corazones despojados de toda impureza, son elogiados en la realización de los ritos sagrados".[58]

La impureza en este caso sería muy diferente de lo que podríamos pensar. Para el masón, la creencia en un Dios trino, en un Salvador, Jesucristo, en la resurrección de los muertos, son cosas que lo hacen a uno impuro. El objetivo del sistema de grados de la Masonería es despojarlo de estas "impurezas" a tal punto que pueda abrazar completamente la Orden Masónica y todo lo que

---

[58] McClenechan, 331.

implica. El candidato conoce siete arcángeles y siete planetas. Los arcángeles son, por supuesto, demonios.

Una puerta obvia al ocultismo se ha abierto ahora como se puede ver en las Áreas de Impacto de este grado cuando el sacerdote se convierte en un sacerdote de magia negra.

Consecuencias de la Divulgación

Ninguno mencionado.

Áreas de Impacto

- Magia negra
- Conocimiento de lo oculto
- Astrología
- Rebelión
- Satanismo
- Cartomancia
- Adivinación
- Adoración a ídolos
- Superstición

Veredictos Falsos

Mi pureza producida personalmente puede capacitarme para escuchar secretos profundos.

La deidad es el creador de todos los mundos.

El sagrado número 7 y todas sus manifestaciones gobiernan sobre los masones de grado 23 y sus generaciones.

Escenario de la Sala de Audiencias

Juez Justo, pido entrar en la Corte de Apelaciones del Cielo este día en mi nombre y en nombre de mi linaje: pasado, presente y futuro. Los veredictos falsos dictados en el (23°) Grado Jefe del Tabernáculo (E) que declaran:

Mi pureza producida personalmente puede capacitarme para escuchar secretos profundos.

La deidad es el creador de todos los mundos.

El sagrado número 7 y todas sus manifestaciones gobiernan sobre los masones de grado 23 y sus generaciones.

Pido que estos veredictos falsos sean revocados en las Cortes del Cielo este día y reemplazados por veredictos justos y que yo sea liberado de toda esclavitud resultante de mi participación en la Masonería.

Me arrepiento en mi nombre y en el de mi linaje por mi participación en la Masonería, por elegir este grado, por abrazar su rango, título, oficio, herramientas, insignias, privilegios, sus juramentos; por usar las palabras secretas, acciones y frases. Abdico todos los cargos que ocupo. También renuncio a todo nivel de participación en la Masonería por parte de mis antepasados o mía. Me arrepiento por creer la mentira que "mi pureza producida personalmente puede calificarme para escuchar secretos profundos". Me arrepiento por creer que la deidad (Lucifer) es el creador de todos los mundos. Me arrepiento por el uso falso del número 7 y todas sus manifestaciones. Me arrepiento por darle dominio sobre mi vida y mis generaciones.

Como antes, no me di cuenta completamente de lo que estaba haciendo, ni tampoco mis antepasados. Te pido perdón este día. Por favor, perdóname y restaura una comprensión correcta de la luz y la verdad y de quién eres en mi vida.

Pido que se corten todas las conexiones y derechos con respecto a los dioses falsos de la Masonería y que se rompa toda maldición asociada en el nombre de Jesús. Pido que estos veredictos falsos sean reemplazados por veredictos justos y que la libertad sea entregada a mí y a mi linaje. Pido perdón por mis acciones en la iniciación a este grado que introdujeron trauma y miedo en mí y en mi linaje. Pido que se eliminen el trauma y el miedo, en el nombre de Jesús. Pido la liberación de todo lugar de cautiverio. Pido la restitución de todo lo perdido por los falsos dioses de la Masonería, en el nombre de Jesús. Pido la restauración completa de mi ADN al patrón que originalmente planeaste para mí.

Además, solicito la liberación inmediata de mi familia y la mía y la liberación inmediata de todos los miembros de mi linaje que han sido tomados cautivos por estos veredictos falsos.

[Como antes, escuche las instrucciones; espere la paz. Regocíjese en su libertad.]

[Una vez que se haya emitido un veredicto, ingrese a la Corte de Escribas para recibir la documentación

para este veredicto, luego a la Corte de Ángeles para que se envíen ángeles a cumplir las órdenes involucradas en el veredicto.]

Capítulo 24
24 ° Grado
Príncipe del Tabernáculo (E)

Como Príncipe del Tabernáculo, uno acepta lo siguiente:

"Los deberes especiales de un Príncipe del Tabernáculo son trabajar incesantemente por la gloria de Dios, el honor de su país y la felicidad de sus hermanos; para ofrecer gracias y oraciones a la Deidad en lugar de sacrificios de carne y sangre ".

La Deidad, sin embargo, es Lucifer y el "Dios" del que se habla no es Jehová. Aunque la Masonería se promociona como una organización "cristiana", se ha alejado mucho de esa designación, hasta el punto de ser irrecuperable.

Algunos de los accesorios utilizados en la ceremonia son una lámpara, un manto y un bastón. Aquí hay una descripción de lo que simbolizan estos elementos:

La lámpara es la razón iluminada por la ciencia; el manto es la libertad, o la posesión plena y total de uno mismo, que aísla al sabio de las corrientes del instinto; y el bastón es **la ayuda de las fuerzas ocultas** *y eternas de la naturaleza.*[59] *(El énfasis es mío)*

Consecuencias de la Divulgación

Acepta que le apedrearán hasta la muerte y que su cuerpo permanecerá insepulto mientras se pudre.

Áreas de Impacto

- No puede aceptar que la verdad está en la Palabra de Dios.
- Muerte por quemarse en el fuego
- Asesinato
- Brujería
- Magia
- Poder de lo oculto
- Superstición
- Dolor corporal que no se puede explicar[60]

Veredictos Falsos

La ciencia es la fuente de la verdadera iluminación.

---

[59] McClenechan, 353.
[60] Mahoney, 184-185.

Ser poseído por uno mismo es la verdadera libertad.

La creencia mutua en "un dios viviente" debe unir a todos en una hermandad mundial.

Para tener éxito, debemos tener la ayuda de las fuerzas ocultas y eternas de la naturaleza.

Escenario de la Sala de Audiencias

Juez Justo, pido entrar en la Corte de Apelaciones del Cielo este día en mi nombre y en nombre de mi linaje: pasado, presente y futuro. Los veredictos falsos dictados en el (24°) Grado Príncipe del Tabernáculo (E) que declaran:

La ciencia es la fuente de la verdadera iluminación.

Ser poseído por uno mismo es la verdadera libertad.

La creencia mutua en "un dios viviente" debe unir a todos en una hermandad mundial.[61]

Para tener éxito, debemos tener la ayuda de las fuerzas ocultas y eternas de la naturaleza.

Pido que estos veredictos falsos sean revocados en las Cortes del Cielo este día y reemplazados por veredictos

---

[61] Mahoney, 128.

justos y que yo sea liberado de toda esclavitud resultante de mi participación en la Masonería.

Me arrepiento en mi nombre y en el de mi linaje por mi participación en la Masonería, por elegir este grado, por aceptar su rango, título, oficio, herramientas, insignias, privilegios, sus juramentos; por usar las palabras secretas, acciones y frases. Abdico todos los cargos que ocupo. Me arrepiento por aceptar el cinto, el delantal de piel de cordero y la joya. También renuncio a todo nivel de participación en la Masonería por parte de mis antepasados o mía. Me arrepiento por creer la mentira que "la ciencia es la fuente de la verdadera iluminación". Solo tú eres la verdadera fuente de la iluminación. También me arrepiento por creer la mentira que "ser poseído por uno mismo es la verdadera libertad". Tú eres la fuente de mi libertad. Me arrepiento también por creer en la mentira que "Para tener éxito debemos tener la ayuda de las fuerzas ocultas y eternas de la naturaleza". Me arrepiento por creer que la creencia mutua en "un solo dios viviente" debe unir a todos en una hermandad mundo mundial. Jesús es el Camino, la Verdad y la Vida. Nadie viene al Padre sino a través de Él. Como antes, yo no me di cuenta plenamente de lo que estaba haciendo, ni tampoco mis antepasados. Te pido perdón este día. Por favor, perdóname y restaura una comprensión correcta de la iluminación, la libertad y la verdadera fuente de la vida.

Pido que se corten todas las conexiones y derechos con respecto a los dioses falsos de la Masonería y que se rompa toda maldición asociada en el nombre de Jesús.

Pido que estos veredictos falsos sean reemplazados por veredictos justos y que la libertad sea entregada a mí y a mi linaje. Pido perdón por mis acciones en la iniciación a este grado que introdujeron trauma y miedo en mí y en mi linaje. Pido que se eliminen el trauma y el miedo, en el nombre de Jesús. Pido la liberación de todos los lugares de cautiverio. Pido la restitución de todo lo perdido por los falsos dioses de la Masonería, en el nombre de Jesús. Pido la restauración completa de mi ADN al patrón que originalmente planeaste para mí.

Además, solicito la liberación inmediata de mi familia y la mía y la liberación inmediata de todos los miembros de mi linaje que han sido tomados cautivos por estos veredictos falsos.

[Como antes, escuche las instrucciones; espere la paz. Regocíjese en su libertad.]

[Una vez que se haya emitido un veredicto, ingrese a la Corte de Escribas para recibir la documentación para este veredicto, luego a la Corte de Ángeles para que se envíen ángeles a cumplir las órdenes involucradas en el veredicto.]

Capítulo 25
25 ° Grado
Caballero de la Serpiente de Bronce (E)

Los deberes de un Caballero de la Serpiente de Bronce son:

Purificar el alma de su aleación de lo terrenal, para que a través de la puerta de Capricornio y las siete esferas pueda finalmente ascender a su hogar eterno más allá de las estrellas; y también perpetuar las grandes verdades envueltas en los símbolos y alegorías de los misterios antiguos.[62]

Esta es una instrucción para involucrar a las fuerzas demoníacas pasando por la Puerta de Capricornio, donde encontrarán respuestas a misterios antiguos. Se

---

[62] McClenechan, 357.

trata de consultar con entidades demoníacas para obtener conocimiento.

Las consecuencias que recibirá si alguna vez decide revelar estos secretos se enumeran a continuación.

Consecuencias de la Divulgación

Usted acepta ser considerado indigno de la misericordia divina o la bondad humana;

Acepta que las serpientes ardientes del remordimiento y la conciencia acusadora le torturarán para siempre;

Acepta dejar que las serpientes venenosas le coman el corazón. [63]

Áreas de Impacto

- Rechazo de la gente
- Crueldad / abuso contra ti
- Envenenamiento de la mente
- Culpa y vergüenza
- Pensamientos suicidas
- Depresiones emocionales
- Gran tristeza
- Tortura en espíritu, alma y cuerpo
- Enfermedades cardíacas
- Astrología / Adivinación / Cartomancia
- Muerte por mordida de cualquier serpiente venenosa

---

[63] Mahoney, 137.

- Usted es como un chivo expiatorio y se le responsabiliza por los demás[64]

Veredictos Falsos

La Puerta de Capricornio es una puerta superior para la información divina.

El símbolo de la Cruz de Tau y la serpiente son para siempre un símbolo de fe, arrepentimiento y misericordia.

El símbolo de la Cruz de Tau es un símbolo de curación y adivinación.

Escenario de la Sala de Audiencias

Juez Justo, pido entrar en la Corte de Apelaciones del Cielo este día en mi nombre y en nombre de mi linaje: pasado, presente y futuro. Los veredictos falsos dictados en el (25°) Grado Caballero de la Serpiente de Bronce que declaran:

La Puerta de Capricornio es una puerta superior para la información divina.

El símbolo de la Cruz de Tau y la serpiente son para siempre un símbolo de fe, arrepentimiento y misericordia.

---

[64] Mahoney, 185.

El símbolo de la Cruz de Tau es un símbolo de curación y adivinación

Pido que estos veredictos falsos sean revocados en las Cortes del Cielo este día y reemplazados por veredictos justos y que yo y mi linaje seamos liberados de toda esclavitud resultante de mi participación en la Masonería.

Me arrepiento en mi nombre y en el de mi linaje por mi participación en la Masonería, por elegir este grado, por abrazar su rango, título, oficio, herramientas, insignias, privilegios, sus juramentos; por usar las palabras secretas, acciones y frases. Abdicar todos los cargos que ocupo. Me arrepiento por recibir la orden de la cinta carmesí, la joya, el delantal blanco con ribete negro y las representaciones en el mismo. También renuncio a todo nivel de participación en la Masonería por parte de mis antepasados o mía. Me arrepiento por creer la mentira que "La Puerta de Capricornio es una puerta superior para la información divina". Me arrepiento por creer que el símbolo de la Cruz de Tau y la serpiente son para siempre un símbolo de Fe, Arrepentimiento y Misericordia y que el símbolo de la Cruz de Tau es un símbolo de curación y adivinación. Me arrepiento de mi adoración al sol, la luna y las estrellas. No me di cuenta del todo de lo que estaba haciendo, ni tampoco mis antepasados. Por favor, perdóname y restaura un correcto entendimiento de la luz y la verdad en mi vida.

Pido que se corten todas las conexiones y derechos con respecto a los dioses falsos de la Masonería y que se rompa toda maldición asociada en el nombre de Jesús. Pido que estos veredictos falsos sean reemplazados por veredictos justos y que la libertad sea entregada a mí y a mi linaje. Pido perdón por mis acciones en la iniciación a este grado que introdujeron trauma y miedo en mí y en mi linaje. Pido que se eliminen el trauma y el miedo, en el nombre de Jesús. Pido la liberación de todo lugar de cautiverio. Pido la restitución de todo lo perdido por los falsos dioses de la Masonería, en el nombre de Jesús. Pido la restauración completa de mi ADN al patrón que originalmente planeaste para mí.

Además, solicito la liberación inmediata de mi familia y la mía y la liberación inmediata de todos los miembros de mi linaje que han sido tomados cautivos por estos veredictos falsos.

[Como antes, escuche las instrucciones; espere la paz. Regocíjese en su libertad.]

[Una vez que se haya emitido un veredicto, ingrese a la Corte de Escribas para recibir el papeleo para este veredicto, luego a la Corte de Ángeles para que se envíen ángeles a cumplir las órdenes involucradas en el veredicto.]

Capítulo 26
26 ° Grado
Príncipe de Misericordia (E)

En la ceremonia del 26º grado, se presentan multitud de falsedades. Aunque se presentan como un discurso y se espera que los masones las adopten como creencias. El discurso implica abrazar las deidades y dioses falsos de otras religiones. Ellos crean una serie de juicios falsos que deben ser revocados en las Cortes del Cielo.

Consecuencias de la Divulgación

Usted consiente en ser condenado, expulsado y despreciado por todo el universo.

Áreas de Impacto

- Se compromete con múltiples religiones para encontrar la paz
- Mezcla: llama santo a lo que Dios llama abominación

- No defiende la verdad
- Ceguera y sordera espiritual
- No es capaz de discernir el bien y el mal.
- Soledad / rechazo

Veredictos Falsos

Los libros sagrados de la antigua India son una fuente viable de verdad.

La salvación puede venir de Trimourti, la deidad hindú.[65]

La gran serpiente consumirá el universo.

La Semilla de la creación se conservará en el loto y comenzará una nueva creación.

Los Budas son una trinidad de inteligencia, ley y unísono; cada uno es un Redentor.

Sosiosch (dios de los persas) saldrá como salvador para prepararse para una resurrección general.

Mithra (dios hindú) es el Gran Arquitecto del Universo.

Mithra es el mediador encarnado, que devuelve las almas a Dios.

Alfader (deidad druida) es el Dios Supremo.

---

[65] McClenechan, 372.

Alfader hizo el cielo, la tierra, el aire y los hombres, y les dio almas inmortales.

Amun-Ra es la Tríada Suprema, padre, madre e hijo.[66]

Osiris juzgará a todos los muertos y pronunciará la sentencia final sobre cada uno según sus obras.[67]

Todas las religiones buscan la misma verdad y adoran al mismo G.A.O.T.U.

Escenario de la Sala de Audiencias

Juez Justo, pido entrar en la Corte de Apelaciones del Cielo este día en mi nombre y en nombre de mi linaje: pasado, presente y futuro. Los veredictos falsos dictados en el (26°) Grado Príncipe de Misericordia (E) que declaran:

Los libros sagrados de la antigua India son una fuente viable de verdad.

La salvación puede venir de Trimourti, la deidad hindú.

La gran serpiente consumirá el universo.

---

[66] McClenechan, 373.
[67] McClenechan, 374.

La Semilla de la creación se conservará en el loto y comenzará una nueva creación.

Los Budas son una trinidad de inteligencia, ley y unísono; cada uno es un Redentor.

Sosiosch (dios de los persas) saldrá como salvador para prepararse para una resurrección general.

Mithra (dios hindú) es el Gran Arquitecto del Universo.

Mithra es el mediador encarnado, que devuelve las almas a Dios.

Alfader (deidad druida) es el Dios Supremo.

Alfader hizo el cielo, la tierra, el aire y los hombres, y les dio almas inmortales.

Amun-Ra es la Tríada Suprema, padre, madre e hijo. (McClenechan 373)

Osiris juzgará a todos los muertos y pronunciará la sentencia final sobre cada uno según sus obras. (McClenechan374)

Todas las religiones buscan la misma verdad y adoran al mismo G.A.O.T.U.

Pido que estos veredictos falsos sean revocados en las Cortes del Cielo este día y reemplazados por veredictos justos y que yo sea liberado de toda esclavitud resultante de mi participación en la Masonería.

Me arrepiento en mi nombre y en el de mi linaje por mi participación en la Masonería, por elegir este grado, por aceptar su rango, título, oficio, herramientas, insignias, privilegios, sus juramentos; por usar las palabras secretas, acciones y frases. Abdico todos los cargos que ocupo. También renuncio a todo nivel de participación en la Masonería por parte de mis antepasados o mía. Me arrepiento por abrazar estos dioses falsos y creencias falsas. Me arrepiento por creer estas muchas mentiras y te reconozco solo a Ti como Dios y a Jesucristo como Salvador. Me arrepiento por abrazar y perpetrar la mentira que todas las religiones están buscando la misma verdad y adoran al mismo G.A.O.T.U. Como antes, no me di cuenta completamente de lo que estaba haciendo, ni tampoco mis antepasados. Te pido perdón este día. Restaura un entendimiento correcto de tu luz y verdad en mi vida.

Pido que se corten todas las conexiones y derechos con respecto a los dioses falsos de la Masonería y que se rompa toda maldición asociada en el nombre de Jesús. Pido que la libertad me sea entregada a mí y a mi linaje. Pido perdón por mis acciones en la iniciación a este grado que introdujeron trauma y miedo en mí y en mi linaje. Pido que se eliminen el trauma y el miedo, en el nombre de Jesús. Pido la liberación de todo lugar de cautiverio. Pido la restitución de todo lo perdido por los falsos dioses de la Masonería, en el nombre de Jesús. Pido la restauración completa de mi ADN al patrón que originalmente planeaste para mí.

Además, solicito la liberación inmediata de mi familia y la mía y la liberación inmediata de todos los miembros de mi linaje que han sido tomados cautivos por estos veredictos falsos.

[Como antes, escuche las instrucciones; espere la paz. Regocíjese en su libertad.]

[Una vez que se haya emitido un veredicto, ingrese a la Corte de Escribas para recibir el papeleo para este veredicto, luego a la Corte de Ángeles para que se envíen ángeles a cumplir las órdenes involucradas en el veredicto.]

Capítulo 27
27 ° Grado
Soberano Comendador
del Templo (E)

Las Consecuencias de la Divulgación crean una visión falsa de Dios: que él es un Dios de juicio que solo busca una oportunidad para hacerle daño a usted. Este nivel es un refuerzo de los niveles anteriores, solo para este grado ellos pintan una imagen falsa del Dios del Cielo como un ser vengativo y destructivo.

Consecuencias de la Divulgación

Acepta que Dios le inflija la ira más severa.[68]

Áreas de Impacto

- Indignidad

---

[68] Mahoney, 185.

- Creer que Dios no puede amarle.
- Volverse muy religioso
- Engaño
- "Obras" orientadas a obtener el favor de Dios
- Influir y engañar a otros[69]

Veredictos Falsos

Dios es un Dios de juicio solamente.

No es un Dios de amor.

Escenario de la Sala de Audiencias

Juez Justo, pido entrar en la Corte de Apelaciones del Cielo este día en mi nombre y en nombre de mi linaje: pasado, presente y futuro. Los veredictos falsos dictados en el (27°) Grado Soberano Comendador del Templo (E) que declaran:

Dios es un Dios de juicio.

No es un Dios de amor.

Pido que estos veredictos falsos sean revocados en las Cortes del Cielo este día y reemplazados por veredictos justos y que yo sea liberado de toda esclavitud resultante de mi participación en la Masonería.

Me arrepiento en mi nombre y en el de mi linaje por mi participación en la Masonería, por elegir este grado, por aceptar su rango, título, oficio, herramientas,

---

[69] Mahoney, 185.

insignias, privilegios, sus juramentos; por usar las palabras secretas, acciones y frases. Abdico todos los cargos que ocupo. También renuncio a todo nivel de participación en la Masonería por parte de mis antepasados o mía. Me arrepiento por creer la mentira que Dios es un Dios de juicio y que Él no es un Dios de amor. No me di cuenta del todo de lo que estaba haciendo, ni tampoco mis antepasados. Te pido perdón este día. Restaura un entendimiento correcto de la luz, la verdad y tu amor en mi vida.

Pido que se corten todas las conexiones y derechos con respecto a los dioses falsos de la Masonería y que se rompa toda maldición asociada en el nombre de Jesús. Pido que la libertad me sea entregada a mí y a mi linaje. Pido perdón por mis acciones en la iniciación a este grado que introdujeron trauma y miedo en mí y en mi linaje. Pido que se eliminen el trauma y el miedo, en el nombre de Jesús. Pido la liberación de todo lugar de cautiverio. Pido la restitución de todo lo perdido por los falsos dioses de la Masonería, en el nombre de Jesús. Pido la restauración completa de mi ADN al patrón que originalmente planeaste para mí.

Además, solicito la liberación inmediata de mi familia y la mía y la liberación inmediata de todos los miembros de mi linaje que han sido tomados cautivos por estos veredictos falsos.

[Como antes, escuche las instrucciones; espere la paz. Regocíjese en su libertad.]

[Una vez que se haya emitido un veredicto, ingrese a la Corte de Escribas para recibir la documentación para este veredicto, luego a la Corte de Ángeles para que se envíen ángeles a cumplir las órdenes involucradas en el veredicto.]

Capítulo 28
28 ° Grado
Caballero del Sol (E)

El uso de la razón como absoluta es clave en este grado en particular. Mediante el uso de la razón, el sistema Masónico ha construido línea sobre línea para crear una cultura de engaño justificado, obediencia inquebrantable y lealtad a Lucifer, todo a la vez. Mientras cambian la Verdad en un esfuerzo por ganar prominencia y poder, la Masonería se ha convertido en un fin en sí mismo. Es peligrosa.

Consecuencias de la Divulgación

Acepta que los hermanos lo agarren y le atraviesen la lengua con un hierro al rojo vivo;

Que le saquen los ojos, le priven del olfato y de la vista, y le corten las manos;

Que le alcance un rayo y le devoren animales feroces.[70]

Áreas de Impacto

- Desmembramiento
- Fatiga / Desmayo
- Dificultades en la comunicación
- Ceguera espiritual
- Falta de discernimiento
- Incapacidad de encontrar empleo
- Brutalidad y crueldad
- Abuso espiritual y físico

Veredictos Falsos

La razón es absoluta.

El mal, lo incorrecto y la miseria son los desacuerdos necesarios que se unen con los desacuerdos del universo para crear una gran armonía para siempre.

El sol debe ser adorado como soberano y de autoridad absoluta.

El sol es el dador del poder procreador.

El Magismo[71] fue hecho solo para reyes y sacerdotes.[72]

---

[70] Mahoney, 185.
[71] Mahoney, 185.
[72] McClenechan, 399.

Escenario de la Sala de Audiencias

Juez Justo, pido entrar en la Corte de Apelaciones del Cielo este día en mi nombre y en nombre de mi linaje: pasado, presente y futuro. Los veredictos falsos dictados en el (28°) Grado Caballero del Sol (E) que declaran:

La razón es absoluta.

El mal, lo incorrecto y la miseria son los desacuerdos necesarios que se unen con los desacuerdos del universo para crear una gran armonía para siempre.

El sol debe ser adorado como soberano y de autoridad absoluta.

El sol es el dador del poder procreador.

El Magismo fue hecho solo para reyes y sacerdotes.

Pido que estos veredictos falsos sean revocados en las Cortes del Cielo este día y reemplazados por veredictos justos y que yo sea liberado de toda esclavitud resultante de mi participación en la Masonería.

Me arrepiento en mi nombre y en el de mi linaje por mi participación en la Masonería, por elegir este grado, por aceptar su rango, título, oficio, herramientas, insignias, privilegios, sus juramentos; por usar las palabras secretas, acciones y frases. Abdico todos los cargos que ocupo. También renuncio a todo nivel de participación en la Masonería por parte de mis antepasados o mía. Me arrepiento por creer la mentira que "la razón es absoluta; que el mal, lo incorrecto y la miseria son los desacuerdos necesarios que se unen con los desacuerdos del universo para crear una gran armonía para siempre, y que el Magismo fue hecho solo para reyes y sacerdotes". No me di cuenta completamente de lo que estaba haciendo, ni mis antepasados tampoco. Te pido perdón este día. Restaura un entendimiento correcto de la luz y la verdad en mi vida.

Pido que se corten todas las conexiones y derechos con respecto a los dioses falsos de la Masonería y que se rompa toda maldición asociada en el nombre de Jesús. Pido que la libertad me sea entregada a mí y a mi linaje. Pido perdón por mis acciones en la iniciación a este grado que introdujeron trauma y miedo en mí y en mi linaje. Pido que se eliminen el trauma y el miedo, en el nombre de Jesús. Pido la liberación de todo lugar de cautiverio. Pido la restitución de todo lo perdido por los falsos dioses de la Masonería, en el nombre de Jesús. Pido la restauración completa de mi ADN al patrón que originalmente planeaste para mí.

Además, solicito la liberación inmediata de mi familia y la mía y la liberación inmediata de todos los miembros de mi linaje que han sido tomados cautivos por estos veredictos falsos.

[Como antes, escuche las instrucciones; espere la paz. Regocíjese en su libertad.]

[Una vez que se haya emitido un veredicto, ingrese a la Corte de Escribas para recibir la documentación para este veredicto, luego a la Corte de Ángeles para que se envíen ángeles a cumplir las órdenes involucradas en el veredicto.]

Capítulo 29
29 ° Grado
Gran Escocés de San Andrés (E)

La ceremonia para este nivel implica mucha instrucción en la tolerancia de todas las religiones. Enseñan que todos los caminos conducen a Dios, pero no al Dios de la Biblia, sino a Lucifer. Él es el "portador de la luz" en el que se centran. Esta creencia está en oposición a la declaración de Jesús y al cumplimiento exitoso de los requisitos para llevar a los hombres a una relación correcta con Dios.

Consecuencias de la Divulgación

Ninguno mencionado.

Áreas de Impacto

- Tortura
- Experimentos continuos y pruebas con fuego.

Veredictos Falsos

Todas las religiones son iguales.

La Masonería es la moral universal que conviene a los habitantes de cada región, al hombre de cada credo. (McClenechan 417)

Todas las doctrinas de la Masonería sirven directamente al bienestar del hombre.

La Masonería es la libertad del hombre ante Lucifer, no su esclavitud a los hombres.

Las viejas teologías, las filosofías de la religión de la antigüedad no nos satisfacen ahora; deben ser reemplazadas por ideales masónicos superiores.

No importa en qué Dios creas.

Ningún hombre tiene derecho a afirmar positivamente que tiene razón cuando otros hombres, igualmente inteligentes e igualmente bien informados, sostienen directamente la opinión contraria.

Ningún hombre puede decir que posee una verdad segura como si fuera un inmueble.[73] [o Ningún hombre puede decir que es dueño de la verdad como si fuera dueño de una propiedad.]

---

[73] McClenechan, 417.

Al alcanzar este grado obtendré una gloriosa liberación.

Ningún simple hombre puede dictar lo que otro pueda creer.

Escenario de la Sala de Audiencias

Juez Justo, pido entrar en la Corte de Apelaciones del Cielo este día en mi nombre y en nombre de mi linaje: pasado, presente y futuro. Los veredictos falsos dictados en el (29°) Grado Gran Escocés de San Andrés (E) que declaran:

Todas las religiones son iguales.

La Masonería es la moral universal que conviene a los habitantes de cada región, al hombre de cada credo.[74]

Todas las doctrinas de la Masonería sirven directamente al bienestar del hombre.

La Masonería es la libertad del hombre ante Lucifer, no su esclavitud a los hombres.

Las viejas teologías, las filosofías de la religión de la antigüedad no nos satisfacen ahora; deben ser reemplazadas por ideales masónicos superiores.

No importa en qué Dios creas.

---

[74] McClenechan, 417.

Ningún hombre tiene derecho a afirmar positivamente que tiene razón cuando otros hombres, igualmente inteligentes e igualmente bien informados, sostienen directamente la opinión contraria.

Ningún hombre puede decir que posee una verdad segura como si fuera un inmueble.

Al alcanzar este grado obtendré una gloriosa liberación.

Ningún simple hombre puede dictar lo que otro pueda creer

Pido que estos veredictos falsos sean revocados en las Cortes del Cielo este día y reemplazados por veredictos justos y que yo sea liberado de toda esclavitud resultante de mi participación en la Masonería.

Me arrepiento en mi nombre y en el de mi linaje por mi participación en la Masonería, por elegir este grado, por aceptar su rango, título, oficio, herramientas, insignias, privilegios, sus juramentos; por usar las palabras secretas, acciones y frases. Abdico todos los cargos que ocupo. También renuncio a todo nivel de participación en la Masonería por parte de mis antepasados o mía. Pido perdón por mis acciones en la iniciación a este grado que introdujeron trauma y miedo en mí y en mi linaje. Pido que se eliminen el trauma y el miedo, en el nombre de Jesús. Pido ser liberado de todo lugar de cautiverio; me arrepiento por creer las mentiras identificadas arriba; me arrepiento por dejarme engañar y por beber de la copa. Me arrepiento por creer que al alcanzar este grado obtendré una gloriosa liberación. La libertad solo se encuentra en ti. Me arrepiento por permitirme ser bautizado en un bautismo falso. No me di cuenta del todo de lo que estaba haciendo, ni tampoco mis antepasados. Te pido perdón este día. Restaura un entendimiento correcto de la luz y la verdad en mi vida.

Pido que se corten todas las conexiones y derechos con respecto a los dioses falsos de la Masonería y que se rompa toda maldición asociada en el nombre de Jesús. Pido que la libertad me sea entregada a mí y a mi linaje. Pido la restitución de todo lo perdido por los falsos dioses de la Masonería, en nombre de Jesús. Pido la restauración completa de mi ADN al patrón que originalmente planeaste para mí.

Además, solicito la liberación inmediata de mi familia y la mía y la liberación inmediata de todos los miembros de mi linaje que han sido tomados cautivos por estos veredictos falsos.

[Como antes, escuche las instrucciones; espere la paz. Regocíjese en su libertad.]

[Una vez que se haya emitido un veredicto, ingrese a la Corte de Escribas para recibir la documentación para este veredicto, luego a la Corte de Ángeles para que se envíen ángeles a cumplir las órdenes involucradas en el veredicto.]

Capítulo 30
30 ° Grado
Caballero Kadosh (E)

Este grado se describe en la ceremonia de iniciación de la siguiente manera:

Este grado de prueba práctica del Caballero Templario está repleto de sucesos efectivos y se destaca de manera prominente como un drama interesante y emocionante.

Como caballero, se espera que defienda la Masonería a toda costa. Al leer sobre la Masonería, uno debe recordar que no es lo que se ve a simple vista lo que está en juego, sino lo que se esconde detrás, en el reino espiritual. En la ceremonia de iniciación el candidato toma la comunión y besa un cráneo 7 veces. También se compromete a renunciar a su voluntad.

Consecuencias de la Divulgación

Aceptas que le asierren el cráneo.

Áreas de Impacto

- Fascinación e intriga por la muerte, esqueletos, ataúdes o cualquier otra reliquia relacionada con la muerte o lo oculto
- Deseo de tener siempre algo que demostrarles a los demás
- Búsqueda del reconocimiento del hombre
- Traumatismos cerebrales y enfermedades cerebrales
- Migrañas y dolores de cabeza

Veredictos Falsos

Lucifer es la fuente de toda sabiduría y poder.

Mi linaje pertenece a Lucifer debido al intercambio de mi ADN.

Al abrazar los misterios de la Tumba, tengo derecho a ser iniciado en los mayores misterios.

Lucifer es la fuente de vida.

Escenario de la Sala de Audiencias

Juez Justo, pido entrar en la Corte de Apelaciones del Cielo este día en mi nombre y en nombre de mi linaje: pasado, presente y futuro. Los veredictos falsos dictados en el (30°) Grado Caballero Kadosh (E) que declaran:

Lucifer es la fuente de toda sabiduría y poder.

Mi linaje pertenece a Lucifer debido al intercambio de mi ADN.

Al abrazar los misterios de la Tumba, tengo derecho a ser iniciado en los mayores misterios.

Lucifer es la fuente de vida.

Pido que estos veredictos falsos sean revocados en las Cortes del Cielo este día y reemplazados por veredictos justos y que yo sea liberado de toda esclavitud resultante de mi participación en la Masonería.

Me arrepiento en mi nombre y en el de mi linaje por mi participación en la Masonería, por elegir este grado, por aceptar su rango, título, oficio, herramientas, insignias, privilegios, sus juramentos; por usar las palabras secretas, acciones y frases. Abdico todos los cargos que ocupo. Me arrepiento por participar en una comunión falsa y besar el cráneo 7 veces, atando así mi ADN a la maldad de la Masonería. También renuncio a todo nivel de participación en la Masonería por parte de mis antepasados o mía. Me arrepiento por creer la mentira que Lucifer es la fuente de toda sabiduría y poder. No me di cuenta del todo de lo que estaba haciendo, ni tampoco mis antepasados. Te pido perdón este día. Te reconozco solo a Ti como la fuente de toda sabiduría y poder. Por favor, restaura una comprensión correcta de quién eres en verdad en mi vida.

Pido que se corten todas las conexiones y derechos con respecto a los dioses falsos de la Masonería y que se rompa toda maldición asociada en el nombre de Jesús.

Pido que la libertad me sea entregada a mí y a mi linaje. Pido que se cancelen y anulen todas las negociaciones hechas por el intercambio de mi ADN cuando besé el cráneo y cuando participé de la falsa comunión. Pido perdón por mis acciones en la iniciación a este grado que introdujeron trauma y miedo en mí y en mi linaje. Pido que se eliminen el trauma y el miedo, en el nombre de Jesús. Pido la liberación de todo lugar de cautiverio. Pido la restitución de todo lo perdido por los falsos dioses de la Masonería, en el nombre de Jesús. Pido la restauración completa de mi ADN al patrón que originalmente planeaste para mí.

Además, solicito la liberación inmediata de mi familia y la mía y la liberación inmediata de todos los miembros de mi linaje que han sido tomados cautivos por estos veredictos falsos.

[Nuevamente, escuche las instrucciones; espere la paz. Regocíjese en su libertad.]

[Una vez que se haya emitido un veredicto, ingrese a la Corte de Escribas para recibir la documentación para este veredicto, luego a la Corte de Ángeles para que se envíen ángeles a cumplir las órdenes involucradas en el veredicto.]

Capítulo 31
31° Grado
Gran Inquisidor (E)

En este nivel, el candidato se convierte en juez y jurado. Se le recuerda la seriedad de los votos que ha tomado a lo largo de su progresión dentro de la Orden Masónica. Se le ordena juzgar, con severidad si es necesario, y hacer cumplir la ley Masónica a toda costa.

Consecuencias de la Divulgación

Acepta ser juzgado como juzga a los demás;

Acepta que no experimentará nada más que venganza.

Áreas de Impacto

- Venganza / Desquite
- Ira, odio, amargura, asesinato
- Ser crítico y discriminante
- Tener doble personalidad

- Hacer acusaciones falsas
- Usar una máscara para disfrazar su verdadero yo
- Ser engreído
- Ser sabio en su propia opinión y autosuficiente
- Creer en la reencarnación

Veredictos Falsos

Lucifer es una Deidad infinita.

Los atributos de Lucifer son infinitos e infinitamente armoniosos.

Lucifer es la esencia de toda justicia, equidad y misericordia, entremezclada en una excelencia infinita.

Escenario de la Sala de Audiencias

Juez Justo, pido entrar en la Corte de Apelaciones del Cielo este día en mi nombre y en nombre de mi linaje: pasado, presente y futuro. Los veredictos falsos dictados en el (31°) Grado Gran Inquisidor (E) que declaran:

Lucifer es una Deidad infinita.

Los atributos de Lucifer son infinitos e infinitamente armoniosos.

> *Lucifer es la esencia de toda justicia, equidad y misericordia, entremezclada en una excelencia infinita.*[75]

Pido que estos veredictos falsos sean revocados en las Cortes del Cielo este día y reemplazados por veredictos justos y que yo sea liberado de toda esclavitud resultante de mi participación en la Masonería.

Me arrepiento en mi nombre y en el de mi linaje por mi participación en la Masonería, por elegir este grado, por aceptar su rango, título, oficio, herramientas, insignias, privilegios, sus juramentos; por usar las palabras secretas, acciones y frases. Abdico todos los cargos que ocupo. También renuncio a todo nivel de participación en la Masonería por parte de mis antepasados o mía. Me arrepiento por creer la mentira que:

> *Lucifer es una Deidad infinita.*

> *Los atributos de Lucifer son infinitos e infinitamente armoniosos.*

> *Lucifer es la esencia de toda justicia, equidad y misericordia, entremezclada en una excelencia infinita.*[76]

Como antes, no me di cuenta completamente de lo que estaba haciendo, ni tampoco mis antepasados. Por

---

[75] McClenechan, 453.
[76] McClenechan, 453.

favor, perdóname y restaura una correcta comprensión de la luz, la verdad y las virtudes de Dios que deben estar en mi vida.

Pido que se corten todas las conexiones y derechos con respecto a los dioses falsos de la Masonería y que se rompa toda maldición asociada en el nombre de Jesús. Pido que estos veredictos falsos sean reemplazados por veredictos justos y que la libertad sea entregada a mí y a mi linaje. Pido perdón por mis acciones en la iniciación a este grado que introdujeron trauma y miedo en mí y en mi linaje. Pido que se eliminen el trauma y el miedo, en el nombre de Jesús. Pido la liberación de todo lugar de cautiverio. Pido la restitución de todo lo perdido por los falsos dioses de la Masonería, en el nombre de Jesús. Pido la restauración completa de mi ADN al patrón que originalmente planeaste para mí.

Además, solicito la liberación inmediata de mi familia y la mía y la liberación inmediata de todos los miembros de mi linaje que han sido tomados cautivos por estos veredictos falsos.

[Como antes, escuche las instrucciones; espere la paz. Regocíjese en su libertad.]

[Una vez que se haya emitido un veredicto, ingrese a la Corte de Escribas para recibir la documentación para este veredicto, luego a la Corte de Ángeles para que se envíen ángeles a cumplir las órdenes involucradas en el veredicto.]

Capítulo 32
32 ° Grado
Sublime Príncipe
del Real Secreto (E)

Como el nivel superior para la mayoría de los masones en todo el mundo, los juramentos del 32° Grado dejan en claro que deben distribuir el mensaje de la Masonería y nunca traicionar el mensaje. La consecuencia sería una gran deshonra por parte de sus compañeros. El prestigio de este nivel (que incluye a numerosos políticos e influyentes) ha atraído durante mucho tiempo a quienes buscan escalar la escalera del éxito; llevándolos a asumir compromisos a expensas de sus generaciones futuras. Permanecer en la Masonería tiene sus costos al igual que la decisión de dejar la Orden. Tampoco tiene buenas consecuencias para el individuo o su familia. Lucifer continuará haciendo lo que siempre ha hecho: usarlo a usted y luego desecharlo cuando ya no sea valioso. Él sigue ese patrón aquí también.

Consecuencias de la Divulgación

Acepta que lo degradarán de la sociedad de hombres honorables y masones.

Áreas de Impacto

- Ser degradado
- Ser deshonrado
- Ser criticado
- Fatigas / Desmayos
- Blasfemar
- Búsqueda de la aprobación del hombre antes que la de Dios

Veredictos Falsos

Los Caballeros Kadosh son los legítimos sucesores de los Templarios.

Me he convertido en apóstol de la Libertad, la Igualdad y la Fraternidad.

Nuestro deber es hacer que el mundo sea digno de Lucifer.[77]

Escenario de la Sala de Audiencias

Juez Justo, pido entrar en la Corte de Apelaciones del Cielo este día en mi nombre y en nombre de mi linaje: pasado, presente y futuro. Los veredictos falsos dictados

---

[77] McClenechan, 467.

en el (32°) Grado Sublime Príncipe del Real Secreto (E) que declaran:

Los Caballeros Kadosh son los legítimos sucesores de los Templarios.

Me he convertido en apóstol de la Libertad, la Igualdad y la Fraternidad.

Nuestro deber es hacer que el mundo sea digno de Lucifer.

Pido que estos veredictos falsos sean revocados en las Cortes del Cielo este día y reemplazados por veredictos justos y que yo sea liberado de toda esclavitud resultante de mi participación en la Masonería.

Me arrepiento en mi nombre y en el de mi linaje por mi participación en la Masonería, por elegir este grado, por aceptar su rango, título, oficio, herramientas, insignias, privilegios, sus juramentos; por usar las palabras secretas, acciones y frases. Abdico todos los cargos que ocupo. Me arrepiento de llevar las espuelas de oro, el cordón, la joya, la insignia y el delantal. También renuncio a todo nivel de participación en la Masonería por parte de mis antepasados o mía. Me arrepiento por creer la mentira que:

Los Caballeros Kadosh son los legítimos sucesores de los Templarios.

Me he convertido en apóstol de la Libertad, la Igualdad y la Fraternidad.

Nuestro deber es hacer que el mundo sea digno de Lucifer.

Como antes, no me di cuenta completamente de lo que estaba haciendo, ni tampoco mis antepasados. Te pido perdón este día. Por favor, restaura una comprensión correcta de quién eres realmente en mi vida y de mi deber real en el mundo.

Pido que se corten todas las conexiones y derechos con respecto a los dioses falsos de la Masonería y que se rompa toda maldición asociada en el nombre de Jesús. Pido que la libertad me sea entregada a mí y a mi linaje. Pido perdón por mis acciones en la iniciación a este grado que introdujeron trauma y miedo en mí y en mi linaje. Pido que se eliminen el trauma y el miedo, en el nombre de Jesús. Pido la liberación de todo lugar de cautiverio. Pido la restitución de todo lo perdido por los falsos dioses de la Masonería, en el nombre de Jesús. Pido la restauración completa de mi ADN al patrón que originalmente planeaste para mí.

Además, solicito la liberación inmediata de mi familia y la mía y la liberación inmediata de todos los miembros de mi linaje que han sido tomados cautivos por estos veredictos falsos.

[Nuevamente, escuche las instrucciones; espere la paz. Regocíjese en su libertad.]

[Una vez que se haya emitido un veredicto, ingrese a la Corte de Escribas para recibir la documentación

para este veredicto, luego a la Corte de Ángeles para que se envíen ángeles a cumplir las órdenes involucradas en el veredicto.]

Capítulo 33
33 ° Grado
Gran Soberano
Inspector General (E)

En este grado ya se conoce la verdadera realidad. Ahora se puede ver el verdadero horror detrás de la Masonería, pero si uno hubiera visto estas cosas como Aprendiz Ingresado, ¿habría continuado? Este es un grado obtenido por un número muy limitado de personas. Es posible que se requiera un poco de maniobras políticas para obtener este reconocimiento. Por lo tanto, la mayoría de los masones simplemente permanecen en el grado 32 y luego pasan a los Shriners o alguna otra orden de avance.

Consecuencias de la Divulgación

Acepta que estará atado para siempre a la orden, a su país y a su dios;

Será deshonrado entre sus semejantes para ofrecer el más cruel remordimiento del alma;

Acepta que el vino (comunión) que bebiste se convirtió en un veneno mortal para usted;

Está de acuerdo en que los brazos de la muerte le rodearán para siempre;

Acepta que una hoja de tres filos perforará su globo ocular.[78]

Áreas de Impacto

- Vive bajo un yugo de opresión
- No puede encontrar intimidad con Dios
- Accidentes de electrocución
- Trauma y shock
- Deshonra / vergüenza / culpa
- Envenenamiento
- Magia negra
- Ceguera espiritual o natural
- Odio y rechazo hacia Jesucristo
- Atracción a la muerte o mutilación
- Muertes por distintas causas: muerte prematura, muerte por enfermedad, por accidentes, en aborto, al nacer, suicidio, en aborto natural, muerte de matrimonios, sobredosis de droga
- Perversión
- Relaciones dañinas
- Drogas y otras adicciones
- Hechicería

---

[78] Mahoney, 186.

- Ruina financiera
- Codicia
- Ser controlador y manipulador[79]

Veredictos Falsos

La Masonería no es en sí misma una religión.

Mis deberes son luchar por mi dios e infligir venganza a los traidores.

Estoy para siempre atado a la orden, a mi país y a mi dios (Lucifer).

Escenario de la Sala de Audiencias

Juez Justo, pido entrar en la Corte de Apelaciones del Cielo este día en mi nombre y en nombre de mi linaje: pasado, presente y futuro. Los veredictos falsos dictados en el (33°) Grado Gran Soberano Inspector General (E) que declaran:

La Masonería no es en sí misma una religión.

Mis deberes son luchar por mi dios e infligir venganza a los traidores.

Estoy para siempre atado a la orden, a mi país y a mi dios (Lucifer).

Pido que estos veredictos falsos sean revocados en las Cortes del Cielo este día y reemplazados por un veredicto

---

[79] Mahoney, 186.

justo y que yo sea liberado de toda esclavitud resultante de mi participación en la Masonería.

Me arrepiento en mi nombre y en el de mi linaje por mi participación en la Masonería, por elegir este grado, por aceptar su rango, título, oficio, herramientas, insignias, privilegios, sus juramentos; por usar las palabras secretas, acciones y frases. Abdico todos los cargos que ocupo. Como antes, no me di cuenta completamente de lo que estaba haciendo, ni tampoco mis antepasados. Te pido perdón este día. También renuncio a todo nivel de participación en la Masonería por parte de mis antepasados o mía. Me arrepiento por creer la mentira que "la Masonería no es en sí misma una religión". Te reconozco solo a ti como la fuente de toda sabiduría y poder. Me arrepiento por creer que mis deberes son luchar por mi dios e infligir venganza a los traidores. Por favor, perdóname y restaura la correcta comprensión de quién eres en verdad en mi vida. Me arrepiento por abrazar la mentira que estoy atado para siempre a la orden, a mi país y a (Lucifer). Te pido que me liberes por completo a mí y a mi linaje de esta mentira.

Pido que se corten todas las conexiones y derechos con respecto a los dioses falsos de la Masonería y que se rompa toda maldición asociada en el nombre de Jesús. Pido que la libertad me sea entregada a mí y a mi linaje. Pido perdón por mis acciones en la iniciación a este grado que introdujeron trauma y miedo en mí y en mi linaje. Pido que se eliminen el trauma y el miedo, en el nombre de Jesús. Pido la liberación de todo lugar de cautiverio. Pido la restitución de todo lo perdido por los falsos dioses de la Masonería, en el nombre de Jesús. Pido la restauración completa de mi ADN al patrón que originalmente planeaste para mí.

Además, solicito la liberación inmediata de mi familia y la mía y la liberación inmediata de todos los miembros de mi linaje que han sido tomados cautivos por estos veredictos falsos.

Nuevamente, escuche las instrucciones; espere la paz. Regocíjese en su libertad.

Ahora que ha pasado por los escenarios de la Sala de Audiencias de los niveles anteriores, haga la siguiente oración para que se agregue como evidencia a su trabajo anterior en la Sala de Audiencias:

Padre, me arrepiento de todas las insignias, joyas, herramientas y otros artículos recibidos u obtenidos al hacer estos juramentos a Lucifer y los falsos dioses de la Masonería. Estoy dispuesto a dárselos todos para que los destruya el fuego. Perdóname y corta todo lazo que yo o mi generación tengamos (o tuvimos) con cualquier cosa inmunda, en el nombre de Jesús.[80]

Me arrepiento de los lazos creados con los colores, las palabras y los sonidos. Por favor,

---

[80] Mahoney, 181.

libérame de cualquier cadena o esclavitud a estas cosas, en el nombre de Jesús.

Me arrepiento por hacer negociaciones con Lucifer y sus seguidores. Te pido que las anules todas y que me restaures a mí y a mi linaje.

Pido que cada juramento y pacto de sangre sea cancelado y disuelto en mi vida y en mi linaje.

Corta cada atadura con cada número, forma o secuencia que nació del Infierno. Me arrepiento de mi complicidad con el mismo.

Pido libertad absoluta y en caso que se revelen otros veredictos falsos que necesiten ser tratados, por favor, revélalos para que pueda arrepentirme de ellos también y ver que se anulan los veredictos falsos y que yo, mi familia y mis generaciones quedamos libres de la alianza que anteriormente tuvimos con esta organización malvada. No importa cuánto "bien" hagan en el mundo, nunca será suficiente para reparar el daño causado a lo largo de las generaciones. Te pido estas cosas en el nombre de Jesucristo, Tu Hijo.

Amén.

. . .

[Una vez que se haya emitido un veredicto, ingrese a la Corte de Escribas para recibir la documentación para este veredicto, luego a la Corte de Ángeles para *que se envíen ángeles a cumplir las órdenes involucradas en el veredicto.]*

Capítulo 34
Liberación de la Masonería[81]

Ahora que ha trabajado en este libro, también es hora de comenzar a liberar su cuerpo y alma del impacto de las asociaciones con la Masonería. Regrese al Capítulo 3 y comience el proceso de liberar las muchas emociones que han quedado atrapadas en su cuerpo.

Además, debe asegurarse de haber recibido los pergaminos y que se haya realizado el envío de ángeles para cumplir con la orden de cada pergamino.

Además, he incluido una poderosa oración de la Ministra Apostólica Ana Méndez Ferrell que le ayudará a finalizar el proceso para alcanzar su libertad.

Permítame guiarle en una oración exhaustiva para ser liberado de todo pacto y maldición proveniente de esta Orden.

---

[81] Mendéz Ferrell, Ana. *The Dark Secret of G.A.O.T.U.* 2016 (Kindle Locations 2238-2239). Voice of The Light Ministries. Kindle Edition.

Uno solo puede dejar la Masonería a través del poder de Jesucristo. Una vida que no haya sido consagrada a Él primero, no encontrará la libertad deseada. Por lo tanto, le sugiero que primero entregue su vida al Hijo de Dios. Reconozca el sacrificio de la Cruz como la única fuente de salvación y redención por sus pecados. Arrepiéntase sinceramente por su participación en la Masonería y todos sus pecados. Finalmente, con sus propias palabras, invoque el nombre de Jesucristo, para que Él venga y more en su corazón. Una vez hecho esto, crea con todo su corazón y haga un pacto con Él de seguir y obedecer su Palabra con la ayuda del Espíritu Santo. Busque la ayuda de una congregación cristiana que lo guíe en su nuevo caminar con Jesús.

Oración

Renuncio a todos los puestos que ocupé en la Logia y a los de cualquiera de mis antepasados, incluido el de "Maestro", "Venerable Maestro" o cualquier otro. Renuncio a llamar Maestro a cualquier hombre porque Jesucristo es mi único Maestro y Señor, y Él prohíbe a cualquier otra persona llevar ese título. Me arrepiento de hacer que otros caigan en la trampa de la Masonería y de observar pasivamente la desesperanza de los demás durante los ritos. Renuncio a los efectos de la Masonería que fueron transmitidos a cualquiera de mis antepasados femeninos cuyos maridos pudieron haberlas hecho sentir rechazadas e indignas de confianza cuando ellos entraron y asistieron a una logia y se negaron a contarles a sus esposas sobre sus actividades secretas.

También renuncio a todas las obligaciones, maldiciones y juramentos promulgados por todos los miembros femeninos de mi familia a través de cualquier membresía directa con las órdenes femeninas de la Masonería, la Orden de la Estrella del Este o cualquier otra orden masónica u organización oculta.

En el nombre de nuestro Señor Jesucristo, renuncio y abandono todo lo que me involucra en la Masonería y en cualquier otra logia, arte o prácticas ocultas en nombre de mis antepasados y mío. También renuncio y rompo el código de silencio que me impone la Masonería y el ocultismo con mi familia.

Renuncio y me arrepiento de todo orgullo y arrogancia que abrieron las puertas a la esclavitud y a la servidumbre de la Masonería, que nos afligen a mi familia y a mí.

1° Grado Aprendiz

Renuncio al pacto de primer grado con su declaración de estar en tinieblas y la declaración que la única luz proviene de la Masonería.

Renuncio a la cuerda alrededor de mi cuello y las maldiciones en mi garganta y mi lengua. Renuncio al miedo a quedar atrapado, a la claustrofobia, así como a los espíritus que producen asma, fiebre del heno, alergias respiratorias y enfermedades respiratorias.

Renuncio a la serpiente en el broche del delantal, el espíritu de pitón, que vino a exprimirme la vida espiritual. Renuncio a las antiguas enseñanzas paganas de Babilonia y Egipto y al simbolismo del primer tablero de trazado. Renuncio a la mezcla de verdad y error, a la mitología, a la fabricación de mentiras enseñadas como verdades y a la blasfemia en este grado de Masonería.

Renuncio al engaño o la oscuridad encapuchada, a la venda sobre mis ojos y sus efectos en la vista y las emociones, creando confusión, miedo a la oscuridad, a la luz y a ruidos repentinos.

Renuncio a la bebida dulce y la bebida amarga, y cancelo la maldición de la amargura sobre mi vida, así como la maldición del Gran Arquitecto del Universo por dejar la Masonería.

Renuncio a la palabra secreta Boaz y todo lo que significa, incluidas todas las maldiciones y enfermedades del útero.

Renuncio a la punta del compás, a la espada o lanza en mi pecho, a los infartos y al miedo a la muerte y a ser apuñalado.

Renuncio y rompo todo lazo y protección de los espíritus elementales (fuego, agua, aire y tierra).

Renuncio a los símbolos de la Masonería y a su poder sobre mi vida y sobre mis descendientes: la escuadra, el compás, el martillo, el nivel, el cincel, la regla, el pentagrama, el hexagrama, el octágono (estrellas de cinco, seis, y ocho puntas), y la estrella de doce puntas. Renuncio a ser cubierto por el delantal, la espada de fuego y todos los símbolos de la dualidad.

Renuncio al Gran Arquitecto del Universo con todos sus nombres.

Renuncio a la absoluta confidencialidad exigida bajo juramento de brujería y sellada besando el libro de la sagrada ley.

Me libero de mi destino que estaba atado a la roca sin labrar y a la roca pulida.

Ordeno que todo cautiverio en el que mi alma ha sido atrapada en las tres regiones del infierno sea destruido. Ordeno que mi alma sea puesta en libertad.

Rompo el pacto de unidad que hice con toda la hermandad masónica.

Rompo el pacto firmado con mi sangre en el que me convertí en miembro de la Orden.

Renuncio a toda maldición y a toda enfermedad en mi sangre. Declaro una transfusión de sangre de Jesucristo en mis venas, limpiando mi sangre.

Renuncio al orgullo de tener un carácter firme, al buen prestigio exigido para unirme a la Masonería y a la idea de ser lo suficientemente bueno para ir ante Dios sin la necesidad de un Salvador.

Pongo mi garganta, cuerdas vocales y sistema respiratorio bajo el gobierno absoluto de Jesucristo.

Renuncio al poder de todos los símbolos masónicos. Decreto que su influencia no afectará mi vida ni la de mi familia.

2° Grado Compañero

En el nombre de Jesús, renuncio a los juramentos y maldiciones involucrados en el segundo grado o comunión de la Masonería, especialmente las maldiciones sobre el corazón y el pecho.

Renuncio a las palabras secretas Shibbolet y Jachin y todo lo que significan. Renuncio a la antigua enseñanza pagana y al simbolismo del segundo tribunal de investigación.

Renuncio al signo de reverencia ante el principio generativo.

Renuncio a toda geometría mágica y a los espíritus de Platón y Pitágoras.

Corto la insensibilidad emocional, la apatía, la indiferencia, la incredulidad y la ira profunda en mi familia y en mí, en el nombre de Jesucristo.

Oro por la sanidad física en el pecho, los pulmones y el área del corazón; También oro por la sanidad de mis emociones. Pido ser sensible al Espíritu Santo de Dios.

3° Grado Maestro

Renuncio, en el nombre de Jesús, a los juramentos hechos y a las maldiciones involucradas en el tercer grado o Maestro de la Masonería, especialmente las maldiciones sobre el estómago y la zona abdominal. Renuncio a las palabras secretas Maha Bone (Heso De Maha) Tubal Cain y Machaben, Machbinna y todo lo que significan.

Renuncio a la antigua enseñanza y simbolismo del tercer tribunal de investigación utilizado en el ritual. Renuncio al espíritu de muerte representado a través de los rituales del asesinato, el miedo a la muerte, el falso martirio, el miedo a un violento ataque de pandillas, asalto o violación, y la impotencia en este grado.

Renuncio al pacto de muerte que hice al meterme en el ataúd o acostarme en la camilla involucrada en el ritual de la muerte.

Ordeno a mi alma que deje todo cautiverio de la muerte permitido a través de esta ceremonia.

Renuncio al espíritu de Hiram Abiff, el falso salvador de los masones, revelado en este grado.

Renuncio a la falsa resurrección.

En el nombre de Jesús, oro por la sanidad del estómago, la vejiga, el vientre, el hígado y cualquier otro órgano del cuerpo afectado por la Masonería, y pido que la misericordia y el entendimiento de Dios se desaten sobre mi familia y sobre mí.

Renuncio al ritual pagano del "punto dentro de un círculo" con todas sus ataduras y adoración fálica. Renuncio al símbolo << G >> con su simbolismo y lazos paganos ocultos. Renuncio al misticismo oculto de los azulejos blancos y negros con los bordes de mosaico y la reluciente estrella de cinco puntas.

Renuncio al ojo que todo lo ve (el tercer ojo o el ojo de la frente de Horus) y su simbolismo pagano y oculto. Ahora cierro ese tercer ojo y su capacidad oculta de ver dentro del reino espiritual, en el nombre del Señor Jesucristo, y pongo mi confianza en el Espíritu Santo para todo lo que necesito saber sobre asuntos espirituales.

Renuncio a todas las falsas comuniones tomadas, a toda burla de la obra redentora de Jesucristo en la Cruz del Calvario, a toda incredulidad, confusión y depresión.

Renuncio y abandono toda mentira de la Masonería que el hombre no es un pecador, sino simplemente imperfecto, y que puede redimirse a sí mismo a través de buenas obras.

Renuncio a todo miedo a la locura, a toda angustia, deseos de muerte, suicidio y muerte en el nombre de Jesucristo.

Renuncio a toda ira, odio, pensamientos de asesinato, venganza, represalias, apatía espiritual, religiones falsas e incredulidad, especialmente hacia la Santa Biblia como la Palabra de Dios. Renuncio a toda distorsión de la Palabra de Dios.

Renuncio a toda búsqueda espiritual dentro de las religiones falsas.

Renuncio a la iniciativa de la muerte y al espíritu de la muerte.

Ahora ordene al espíritu de muerte que deje su vida en el nombre de Jesucristo. Ponga sus manos sobre su cabeza, luego sobre su nuca, y luego sobre su frente, y di:

Cierro cada puerta espiritual que se abrió en esta ceremonia, por mis antepasados o por mí. Declaro la sanidad de mi estómago, mi vesícula biliar, intestinos, hígado y todo mi sistema digestivo, en el nombre de Jesucristo.

Grados y Capítulos

Renuncio y abandono los juramentos y maldiciones involucrados en el "Rito de York" de la Masonería.

Renuncio a la marca de la Logia, la marca en forma de escuadra y los ángeles asignados a una persona de por vida.

También rechazo y renuncio a la joya o talismán oculto que se hizo con este signo que se usa en las reuniones de la Logia; renuncio al grado Maestro marcado con su palabra secreta Joppa, a su castigo de tener atormentado el oído derecho, a la maldición de la sordera permanente, y a que me corten la mano derecha por ser un impostor.

Renuncio y abandono los juramentos hechos y las maldiciones envueltas en los otros grados del "Rito de York", entre ellos el grado de "Maestro Virtual Pasado", con el castigo que me cortarían la lengua por la mitad desde la raíz.

Renuncio al grado de "Maestro Masón del Arco Real (Y)", cuyo castigo es que me abrirán el pecho y me sacarán y expondrán mis órganos vitales hasta que se pudran en el muladar.

Renuncio a los títulos, con sus juramentos y maldiciones de todos los grados de la Masonería que incluyen lo siguiente:

Grado 4: " Maestro Secreto (E)"

Renuncio a los juramentos hechos, a las maldiciones y a los castigos involucrados en los Estados Unidos y las Logias de Oriente, incluido el grado de Maestro Secreto, su contraseña secreta Adonai y a sus castigos.

Grado 5: " Maestro Perfecto (E) o Maestro Virtual Pasado (Y)"

Renuncio al grado de Maestro Perfecto, a su contraseña secreta Mhahah-Bone, y a su castigo de ser golpeado contra el suelo durante un ataque.

Grado 6: "Secretario Íntimo (E) o Muy Excelente Maestro (Y)"

Renuncio al grado de Secretario Íntimo, a su contraseña Jehová, usada de manera blasfema, y al castigo que me diseccionarían el cuerpo, cortarían mis órganos vitales en pedazos y los arrojarían a las bestias del campo.

Grado 7: "Grado Preboste y Juez (E) o Maestro Masón del Arco Real (Y)"

Renuncio al grado de Preboste y Juez, a su contraseña secreta Hirumtito-Civi-Ky, y al castigo que me corten la nariz.

Grado 8: "Intendente de la Construcción (E)*"

Renuncio al grado de Intendente de la Construcción, a su contraseña secreta Akar-Jai-Jah, y al castigo que me arrancarían los ojos, cortarían mi cuerpo en dos y dejarían mis intestinos expuestos.

Grado 9: "Maestro Elegido de los 9"

Renuncio al grado de Maestro Elegido de los 9, a su contraseña secreta NekamNakah, y a su castigo que me corten la cabeza y me cuelguen del poste más alto del Oriente.

Grado 10: "Maestro Elegido de los 15"

Renuncio al Decimoquinto Grado Maestro Elegido de los 15, a su contraseña secreta Elignam, y a su castigo de abrir mi cuerpo perpendicular y horizontalmente con mis entrañas expuestas al aire durante ocho horas para que las moscas puedan atacarlo, además de cortarme la cabeza y colocarla en un pico alto.

Grado 11: " Sublime Caballero Elegido"

Renuncio al grado de Sublime Caballero Elegido, a su contraseña secreta Stolkin-Adonai, y a su castigo de cortarme las manos en dos.

Grado 12: "Gran Maestro Arquitecto"

Renuncio al grado de Gran Maestro Arquitecto, a su contraseña secreta Rab-Banaim y a sus castigos.

Grado 13: "Maestro del Arco Real"

Renuncio al grado de Maestro del Arco Real, a su contraseña secreta Jehová, y a su castigo de entregar mi cuerpo como presa de las bestias del bosque y exponer mi cerebro al sol ardiente.

Renuncio al falso nombre secreto de Dios, Jahbulon, y declaro un total rechazo a la adoración de falsos dioses paganos, Bul o Baal, On u Osiris, y el falso Jah. También renuncio a la contraseña Ammi Rujama, y a todo lo que significa.

Renuncio a la falsa comunión o Eucaristía hecha en este grado y a toda burla, escepticismo e incredulidad sobre la obra redentora de Jesucristo en la Cruz del Calvario. Corto todas sus maldiciones y sus efectos sobre mi vida y la de mi familia en el nombre de Jesucristo, y oro por la sanidad de la mente, el cerebro, etc.

Renuncio y abandono los juramentos y maldiciones involucradas en este grado del Rito de York, Maestro Secreto (Y) con sus castigos que me cortan las manos hasta el muñón, me arrancan los ojos de las cuencas, me cortan el cuerpo en cuartos, y lo tiran a la basura del templo.

Renuncio y abandono todos los juramentos y maldiciones que conlleva el grado de Súper Excelente Maestro (Y), junto con el castigo que me corten los pulgares, me saquen los ojos, me aten el cuerpo con cadenas y grilletes, y me lleven cautivo a una tierra extraña.

Renuncio al grado Ilustre Orden de la Cruz Roja (Y), junto con el castigo que mi casa sería derribada y mi cuerpo colgado de sus vigas.

Renuncio al grado Orden del Temple y la contraseña secreta KebRaioth y también al grado Orden de Malta y Paso del Mediterráneo y a su contraseña secreta Maher-Shalal-Hash-Baz.

Renuncio a los votos hechos sobre el cráneo humano, las espadas cruzadas, la maldición de la muerte de Judas y al deseo que me corten la cabeza y la coloquen en el campanario de una iglesia.

Renuncio a la comunión impía, especialmente a beber de un cráneo humano en muchos ritos.

Grado 14: "Gran Escocés de la Bóveda Real"

Renuncio al grado de Gran Escocés de la Bóveda Real, a su contraseña secreta, y a su castigo que mi cuerpo sea abierto y mis intestinos removidos como alimento para los buitres.

Consejo de los Príncipes de Jerusalén

Grado 15: " Caballero de Oriente"

Renuncio al grado de Caballero de Oriente, a su contraseña secreta Raph-O-Dom, y a sus castigos.

Grado 16: "Príncipe de Jerusalén"

Renuncio al grado de Príncipe de Jerusalén, a su contraseña secreta Tebet-Adar, y a su castigo de desnudarme y perforar mi corazón con una daga de ritual.

Grado 17: "Caballero de Oriente y Occidente"

Renuncio al grado 17, a sus títulos, mantos y oficios. Renuncio a la adoración del sol y la luna.

Me arrepiento por ofrecer mi sangre en ritual como sacrificio. Renuncio a la contraseña secreta "Abaddon" y me arrepiento por invocar la muerte y el infierno.

Renuncio al orgullo de buscar y obtener este título. Renuncio a toda la brujería y la adoración a los demonios asociados con este grado.

Grado 18: "Soberano Príncipe Rosacruz"

Renuncio a los convenios y a las maldiciones hechas con el más sabio Soberano Príncipe Rosacruz.

Renuncio a toda la brujería Rosacruz y la Kabbalah.

Renuncio a la expresión que la muerte de Jesucristo fue una "Horrenda Calamidad" y a la burla deliberada de la doctrina cristiana de la expiación.

Renuncio a la blasfemia contra Jesucristo y las palabras secretas Igne, Natura, Renovatur, Integra.

Renuncio a la burla de la comunión hecha en este grado.

Grados Filosóficos o Kadosh
(Masonería Negra) Consejo de Kadosh

Grado 19: " Gran Pontífice o Sublime Escocés"

Renuncio a los juramentos hechos, a las maldiciones, a los castigos involucrados en el grado de Gran Pontífice, y a su contraseña secreta Emmanuel.

Grado 20: "Venerable Maestro de Todas las Logias".

Renuncio a los juramentos del grado Venerable Maestro de Todas las Logias, a sus contraseñas secretas Jekson y Stolkin, y a sus castigos.

Grado 21: " Noaquita o Caballero Prusiano"

Renuncio a los pactos y juramentos del grado Noaquita o Caballero Prusiano, a su contraseña secreta Peleg, y sus castigos.

Grado 22: "Caballero del Hacha Real"

Renuncio a los pactos y juramentos del grado Caballero del Hacha Real, a su contraseña secreta Noebezaleel-Sodonias, y a sus castigos.

Grado 23: "Jefe del Tabernáculo"

Renuncio a los pactos y juramentos del grado Jefe del Tabernáculo, a su contraseña secreta Urieljehova, y a su castigo que acepto que la tierra se abra y me trague hasta el cuello hasta que muera.

Grado 24: "Príncipe del Tabernáculo"

Renuncio a los pactos y juramentos del grado Príncipe del Tabernáculo, a su contraseña secreta y a su castigo de ser apedreado hasta la muerte y que mi cuerpo permanezca insepulto mientras se pudre.

Grado 25: "Caballero de la Serpiente de Bronce"

Renuncio a los pactos y juramentos del grado Caballero de la Serpiente de Bronce, a su contraseña secreta Moisés-

Johannes, y a su castigo que serpientes venenosas se coman mi corazón.

Grado 26: "Príncipe de la Misericordia"

Renuncio a los pactos y juramentos del grado de Príncipe de Misericordia, a su contraseña secreta Gomel, Jehova-Jachin, y a su castigo de condenación y maldad en todo el universo.

Grado 27: "Soberano Comendador del Templo"

Renuncio a los convenios y juramentos del grado Soberano Comendador del Templo, a su contraseña secreta Salomón, y a su castigo que la ira más severa del Dios Todopoderoso sea infligida sobre mí.

Grado 28: "Caballero del Sol"

Renuncio a los convenios y juramentos del grado Caballero del Sol, a su contraseña secreta Stibium, y a sus castigos de quemarme la lengua con un hierro al rojo vivo, arrancarme los ojos, eliminar mi sentido de la el olfato y el oído, cortándome las manos y siendo echado a animales voraces para destruirme o ser ejecutado por un rayo del cielo.

Grado 29: "Gran Escocés de San Andrés"

Renuncio a los pactos y juramentos del grado Gran Escocés de San Andrés, a su contraseña secreta Nekama-Eurlac, y a sus castigos.

Grado 30: "Caballero Kadosh".

Renuncio a los pactos y juramentos del grado Caballero Kadosh, a su contraseña secreta Emmanuel, y a sus castigos.

Grados Sublimes

Grado 31: "Gran Inquisidor"

Renuncio a los pactos, juramentos hechos y a las maldiciones involucradas en el grado 31 de la Masonería, Gran Inquisidor. Renuncio a la contraseña secreta StibiumAlcabar, Pharash-Koh y todo lo que significa.

Renuncio a todos los dioses y diosas de Egipto que son honrados en este grado, incluido Anubis con su cabeza de chacal; Osiris el dios del sol, Isis, la hermana y esposa de Osiris; y también a la diosa de la luna.

Renuncio al Alma de Queres, el falso símbolo de la inmortalidad, la cámara de la muerte y la falsa enseñanza de la reencarnación.

Renuncio a Lucifer y a su doctrina.

Grado 32: "Sublime Príncipe del Real Secreto"

Renuncio a los pactos y juramentos de este grado así como a sus maldiciones y castigos. Renuncio a la contraseña secreta Faal / Farash-Kol, y todo lo que significa. Renuncio a la falsa deidad masónica trinitaria, Aum, y a sus partes: Brahma, el creador; Vishnu, el preservador; y Shiva, el destructor. Renuncio a la deidad de Ahura-Mazda, el espíritu solicitado o fuente de toda luz. Renuncio a la adoración con fuego, que es abominación para Dios, y también a beber de un cráneo humano como se requiere en muchos rituales.

Grado 33 y Grado Supremo:

En el nombre de Jesús, renuncio a los juramentos hechos y las maldiciones involucradas en el trigésimo tercer grado de la Masonería Soberano Gran Inspector General de la Orden. Renuncio a sus contraseñas secretas, Demolay-HiramAbiff, Federico de Prusia, Micha, Macha, Bealim y Adonai, y todo lo que significan. Renuncio a todos los deberes en todos los grados masónicos y a todos los castigos invocados.

Renuncio y abandono por completo al Gran Arquitecto del Universo, que en este grado se revela como Lucifer, y a su falsa declaración de tener la paternidad universal de Dios. Renuncio al collar sacerdotal. Renuncio al esqueleto a cuyos brazos fríos se nos manda a ir si se viola el juramento de este grado, y renuncio a su veneno.

Renuncio a la soga que me ata al cuello.

Renuncio a los infames asesinos de su gran maestro, su ley, su propiedad y su religión. Renuncio a la codicia y la brujería involucradas en el intento de manipular y dominar al resto de la humanidad.

En el nombre de Dios Padre, Jesucristo Su Hijo y el Espíritu Santo, renuncio a todo lo anterior y a las maldiciones relacionadas con la idolatría, la blasfemia, la confidencialidad y al engaño de la Masonería en todos los niveles. Me apropio de la sangre de Jesús para limpiar sus consecuencias de mi vida. Ahora reprendo todo *consentimiento previo dado por cualquiera de mis antepasados y por mí mismo para ser engañado.*

Todos los demás Grados

Renuncio al resto de los juramentos hechos, a los rituales de cualquier otro grado y a las maldiciones involucradas, que incluyen los grados de Aliados, Cruz Roja de Constantino, la Orden del Oyente Secreto y la Real Orden Masónica de Escocia.

Renuncio a las otras logias y sociedades secretas, incluida la Masonería de Prince Hall, las Logias del Gran Oriente, el Mormonismo, la Orden del Amaranto, la Real Orden de los Bufones, la Orden de la Fraternidad de la Unidad de Manchester, Búfalos, Druidas, Arboleros, la Naranja Real, las Logias Negra y Morada, las Logias de los Alces, Alces y Águilas, el Ku Klux Klan, la Granja, los Taladores de Árboles del Mundo, los Jinetes de la Túnica Roja, los Caballeros de Pythia y la Orden Mística de los Profetas Velados del Reino Encantado. También renuncio a la Orden de Mujeres de la Estrella del Este, las Hijas de la Estrella del Este, la Orden Internacional de las Hijas de Job, la Orden Internacional del Arcoíris para Niñas, la Orden de los Hijos de De Molay, y sus efectos sobre mí y toda mi familia.

Señor Jesús, porque quiero estar totalmente libre de todos estos lazos ocultos, quemaré o destruiré todos los objetos en mi posesión que me conecten con cualquier logia u organización oculta, incluida la Masonería, la brujería y el mormonismo, y cualquier amuleto, delantal, libro de rituales, anillos y cualquier joya. Renuncio a los efectos de estos y otros objetos de la Masonería, incluidos el compás y la escuadra que mi familia o yo pudiéramos haber tenido, en el nombre de nuestro Señor Jesucristo.

Renuncio a todos los espíritus inmundos asociados con la Masonería, la brujería y a cualquier otro pecado. Ordeno en el nombre de nuestro Señor Jesucristo que Satanás y todos sus espíritus sean atados y expulsados de mí ahora, sin tocar ni lastimar a nadie, y que vayan al lugar que les asignó nuestro Señor Jesús para no volver nunca a mí ni a mi familia. Busco el nombre de nuestro Señor Jesucristo para liberarnos de estos espíritus, de acuerdo con las muchas promesas de la Biblia. Pido ser liberado de cualquier espíritu de enfermedad, maldición, aflicción, adicción, maldad o alergia asociadas con estos pecados que ahora he confesado y renunciado.

Shriners

(Se aplica solo a los Estados Unidos)

Renuncio a los juramentos, actos, maldiciones y castigos involucrados en la Antigua Orden Árabe de los Nobles del Santuario Místico. Renuncio a perforar mis ojos con una hoja de tres filos, a quitar la carne de mis pies, a la locura y a la adoración del dios falso Alá como el dios de nuestros padres. Renuncio al engaño, a la práctica del ahorcamiento, a la decapitación, a beber la sangre de la víctima a ser orinado por perros durante la iniciación y al ofrecimiento de orina como conmemoración.

Renuncio al ritual ceremonial del Shriner y al juramento de estar de pie sobre una tabla con los pies descalzos y recibir descargas eléctricas por todo el cuerpo. Renuncio a todas las maldiciones de shock al sistema nervioso, a toda atracción hacia el tratamiento de electroshock y a la muerte por shock eléctrico.

Renuncio y rompo la maldición de todo shock, miedo, trauma y dolor almacenado en el sistema nervioso por accidente, shock repentino, pérdida repentina y muerte por herencia. Declaro en el Nombre de Jesucristo, que me liberé de este temor y conmoción, y se rompió en mis generaciones. Declaro que los continuos choques se rompen en mi familia y en mí.

Renuncio y rompo la filosofía Shriner de "divertirme".[82]

Puntos Finales en la Sesión de Liberación

Es necesario realizar las siguientes acciones con fe:
1. Quítese simbólicamente la venda de los ojos (que representa un engaño) y decrete que se queme con fuego.
2. Quite simbólicamente el velo del luto.
3. Corte y quite simbólicamente la cuerda de su cuello y la marca que dejó. Decrete que se queman con fuego.
4. Renuncie al falso pacto masónico de matrimonio. Quite el anillo de esta falsa boda

---

[82] Morin, "Exposing Freemasonry"

del cuarto dedo de su mano derecha y decrete que se queme con fuego.
5. Quite simbólicamente de su cuerpo las cadenas y ataduras de la Masonería.
6. Quítese simbólicamente toda la ropa y armaduras masónicas, especialmente el delantal.
7. Quite simbólicamente las pulseras de tobillo, cadenas y grilletes.
8. Quite las espadas que le cubren por encima de la cabeza.
9. Salga simbólicamente del ataúd y decrete que abandona la región de la muerte donde estuvo cautivo.
10. Si su propio nombre está asociado con el nombre de alguna deidad o con un antepasado que estuvo en la Masonería, renuncie a su nombre y pídale a Dios un nombre nuevo. Escriba el nombre antiguo en una hoja de papel y quémelo con el nombre de Jesús.
11. Todos los escudos de armas familiares están asociados con la Masonería. Obtenga el escudo que representa a su familia, quémelo y decrete que todos los pactos masónicos sobre el apellido de su hogar se rompen.

Oración Final

Espíritu Santo, te pido que me muestres cualquier otra cosa que deba hacer o por la que deba orar, para que mi familia, mi linaje y yo estemos completamente libres de las consecuencias de los pecados de la Masonería, la brujería, el mormonismo, paganismo y su ocultismo relacionado, y todo lo demás, en el nombre de Jesús.

Haga una pausa en este punto mientras escucha a Dios y ore porque el Espíritu Santo lo guiará.

Ahora, amado Dios Padre, te pido humildemente que me limpies de todos estos pecados que he confesado y a los que he renunciado con la sangre de Jesús, Tu Hijo y mi Salvador. Limpia mi espíritu, alma, mente, emociones y cada parte de mi cuerpo que haya sido afectada por estos convenios y maldiciones en el nombre de Jesucristo. También ordeno que cada célula de mi cuerpo entre ahora en el orden divino y sea sanada y completa como lo diseñó nuestro amado Creador, incluida la restauración de mi espíritu, los desequilibrios químicos y las disfunciones neurológicas en el nombre del Señor Jesús.

Te pido, Señor Jesús, que me bautices ahora en tu Santo Espíritu, según las promesas de tu Palabra. Me regocijo en tu protección y tu poder. Ayúdame a caminar en tu justicia y nunca volver atrás. Te entronizo, Jesucristo, en mi corazón porque eres mi Señor y Salvador, la fuente de la vida. Gracias, Dios Padre, por tu misericordia, tu perdón y tu amor, en el nombre de Jesús, el Hijo del Dios viviente. Amén.

Capítulo 35
Cómo divorciarse del dios Sol

Otro aspecto de la libertad de la Masonería implica el divorcio del dios Sol y Luna (Baal y Alá). Muchos no se dan cuenta que Alá es el dios de la luna y hemos estado conectados insidiosamente con este dios falso a través de los Shriners. Estas peticiones son el resultado del trabajo realizado por Jeanette Strauss y Doug Carr y se reproducen aquí con su permiso.

Petición de Divorcio del dios Sol

[La estrategia para ganar este caso se basa en el arrepentimiento, el perdón y la restauración con Dios. Pediré el divorcio de Baal y el matrimonio con el Señor.]

Oración Inicial

Querido Padre Celestial; gracias por la citación que me enviaste a través del Espíritu Santo solicitando que yo, como individuo, comparezca ante ti en la Sala de Audiencias del Cielo en nombre de mi familia.

Es un honor para mí unirme y representarme a mí mismo.

Gracias por esta oportunidad de llevar mi caso a la Sala de Audiencias del Cielo.

Pido que se abra mi libro de registros y que el Juez mire hacia atrás, al comienzo de mi creación.

Pido que todas las oraciones justas e intercesoras anteriores que se han presentado ante ti en mi nombre a lo largo de las generaciones pasadas se incluyan con mis peticiones. Amén.

. . .

Esta Escritura que se encuentra en Isaías 58:12 describe mi intención:

> *"Y los tuyos, edificarán las ruinas antiguas; los cimientos de generación y generación levantarás, y serás llamado, reparador de portillos, restaurador de calzadas para habitar."*

A través del poder del Espíritu Santo combinado con mis oraciones, puedo desempeñar un papel como restaurador de la brecha en mi vida. Estoy llamado a ser un Embajador de la Reconciliación dotado con el Poder de Abogacía a través de la autoridad de Jesucristo que Él me ha delegado como creyente.

Entiendo que el poder y la autoridad para cambiar mi comunidad y transformar mi territorio provienen completamente del Juez Justo del Cielo y la Tierra que preside las Cortes del Cielo. Sé que cuando resuelva legalmente mi caso en la Corte del Cielo, puedo esperar una acción correspondiente en la tierra.

El Espíritu Santo me ha mostrado que las pruebas y tribulaciones sobre las que leo y que experimento a diario en esta familia han surgido de una raíz podrida de desobediencia y rebelión a los caminos de Dios, que ha estado creciendo durante años y se ha obtenido un derecho espiritual y legal de convertirse en un gran árbol que ha estado dando malos frutos en esta familia. Entiendo y admito que esto se debe al pecado cometido contra ti. Es por eso que espero con ansias la oportunidad de entrar en tu Sala de Audiencias en el Cielo en nombre de esta familia y poner un hacha en la raíz para cortarla.

Uno de mis objetivos es divorciarme del dios extranjero llamado Baal en todas sus formas. Estoy usando información de los Ministerios Chuck Pierce y Dutch Sheets que están relacionados con este caso y que también se puede encontrar en el sitio web de la Red de Oración Apostólica de Heartland.[83]

---

[83] www.hapn.org

Mi primera pregunta es: "¿Quién es mi enemigo llamado Baal, y cómo me está afectando hoy?"

Chuck y Dutch dicen:

Baal se identifica como el gobernante de los demonios. Mateo 12:24 (Beel-ze-bub es otro nombre de Baal) Baal-hamon, uno de sus nombres, significa "el señor de la riqueza o la abundancia". Este es el principado que está en guerra contra la gran transferencia de riqueza a la iglesia. Debes luchar contra este espíritu para que veas tu herencia liberada.

Baal-berit, otro de sus nombres, significa "el señor del pacto". La palabra hebrea Baal en realidad significa "esposo" o "matrimonio". Este espíritu siempre intentó hacer que Israel se "divorciara" o rompiera el pacto con Dios y "se casara" o se alineara con él. De acuerdo con esto, de muchas maneras Estados Unidos ha roto el pacto con Dios y se ha casado con Baal. Este es, creo, el hombre fuerte detrás de la mayoría de las rupturas de pactos.

Baal es el hombre fuerte detrás de la perversión sexual. La homosexualidad fue y es uno de sus grandes baluartes. Creo que todo el pecado y la perversión sexual en Estados Unidos están, en un grado u otro, bajo la orquestación de Baal. Usted continuará viendo cómo Dios expone a los líderes de la iglesia que se han alineado con este espíritu. Ore para que la iglesia sea limpiada y para que se rompa el control de Baal sobre Estados Unidos en esta área.

Baal siempre va tras la siguiente generación, tratando de cortar la extensión de los propósitos del pacto de Dios. Es un espíritu violento e incluso requirió sacrificios humanos. El aborto está bajo Baal, al igual que el "corte" en la generación joven de hoy. (Véase 1 Reyes 18:28)

Estoy de acuerdo en que esto incluye el movimiento vampiro y gótico y la cultura de la muerte que tanto ha invadido a Estados Unidos. Baal está liderando la lucha para evitar el gran despertar planeado para la generación joven estadounidense en la actualidad. Debo orar en contra de esto y para ver resultados. La brujería y los espíritus ocultos, en general, operan bajo Baal al igual que Jezabel.

El Principado de Baal (dios de las 1000 caras) Baal (dios del Sol): Bel, Apolo, Zeus, Marduk, Ahura-Mazda, Osiris, Tamuz, Dagón, Prometeo, Júpiter, Nimrod, Mitra ("Otro Jesús" y "El Anti- Cristo "), Ra, Lucetius, Dyaus, Dionysus, Hermes, Adonis, Pan, Hades, Eros, Urano, Gea, Assur, Merodach, Ninus, Shamas, Zeus-Belus, Baco Reina del Cielo (Diosa de la Luna y el Sol): Madre de las Rameras, Madre de Dios (e hijo), La Gran Madre, Astarot, Artemisa, Afrodita, Juno, Lilith, Minerva, Columbia, Nike, Astarté, Atenea, Beltis, Diana, Isis (Horus), Anahita, Inanna, Tanat, Ishtar (Pascua), Cybele, Mylitta, Hathor, Kali, Columbia Leviatán: Neptuno, Poseidón, Tiamet, Ministerio Orgullo del Rey de los Niños.

Mi estrategia para obtener la victoria sobre este principado es a través de la intercesión en la Sala de Audiencias del Cielo. Obtendré el derecho legal a través del arrepentimiento y el perdón por los pecados cometidos contra Dios para quitar los derechos legales que Baal ha usado para retener la transferencia de riqueza y liberar mi herencia. Chuck Pierce me dice que reclame Jeremías 51:44, que incluiré en mis decretos.

[He subtitulado cada uno de los puntos de oración enumerados anteriormente con los números 1-4. Enumeraré el problema, luego mi oración de arrepentimiento y perdón; en conclusión, presentaré mi petición de resolución y restitución ordenada por la corte.]

Entiendo la importancia de orar en unidad mientras presento mi súplica. Una de las mejores maneras de hacer esto es orar colectivamente la oración que Jesús me dijo que orara. Esta oración se encuentra en Mateo 6:9-13 y servirá para limpiarme espiritualmente de cualquier injusticia para que pueda comparecer ante el Juez para presentar mis peticiones.

Unámonos y oremos la oración modelo (usando pecado y pecados en lugar de transgresión y transgresiones).

Padre nuestro que estás en los cielos, santificado sea tu nombre. Venga tu reino. Hágase tu voluntad, como en el cielo, así también en la tierra. El pan nuestro de cada día, dánoslo hoy. Y perdónanos nuestros pecados, como también nosotros perdonamos a los que pecan contra nosotros. Y no nos metas en tentación, mas líbranos del mal; porque tuyo es el reino, y el poder, y la gloria, por todos los siglos. Amén.

Déjeme ir a la sala de Sala de Audiencias ahora y presentar mi caso.

Gracias por el honor de permitirme entrar en tu Sala de Audiencias. Sé que la forma de intercesión que siempre respaldas y concedes favor es cuando tu pueblo reconoce sus malos caminos, se humilla y se arrepiente. Extiende el perdón, la gracia y la misericordia que traerá sanidad.

Quiero presentar esta Escritura como evidencia de tu fidelidad:

> *2 Crónicas 7:14: "si se humillare mi pueblo, sobre, el cual mi nombre es invocado, y oraren, y buscaren mi rostro, y se convirtieren de sus malos caminos; entonces yo oiré desde los cielos, y perdonaré sus pecados, y sanaré su tierra."*

Te agradezco que a través de la Biblia me des la bienvenida y me animas a entrar en tu Sala de Audiencias y exponer mi caso. Mientras me arrepiento y pido perdón, puedo limpiar mis registros y Tú estás dispuesto a defenderme y ayudarme a ganar mis batallas espirituales, lo que me dará la victoria en el ámbito físico. Dices en Isaías 43: 25-26:

> *Yo, yo soy el que borro tus rebeliones por amor de mí mismo, y no me acordaré de tus pecados. Hazme recordar, entremos en juicio juntamente; habla tú para justificarte.*

Te agradezco que hayas citado al acusador de los hermanos para que hoy él sea testigo de estos procedimientos de divorcio.

Hoy en este caso, uso como ejemplo y punto de referencia de la intercesión adecuada lo que se encuentra en nombre de tu pueblo en Daniel 9:10.

Daniel se encontró a sí mismo como un esclavo que era creyente, viviendo en una sociedad babilónica sin derecho a adorar a su Dios libremente de la manera que él quería. No se quejó con Dios por la injusticia, se humilló, se arrepintió y pidió perdón por sus pecados y los pecados de la nación de Israel. Dios escuchó y actuó en su nombre.

En este momento, me presento ante ti como lo hizo Daniel, en humilde arrepentimiento. No me presento ante tu banquillo para quejarme de las injusticias contra mí de las que mis antepasados fueron culpables. No estoy aquí para tomar el papel del acusador de lo que hicieron mal, sino que estoy aquí para arrepentirme por apartarme de las ordenanzas y estatutos divinos, y por vivir en desobediencia y rebelión a mi Dios. Te pido que quede plasmado en el registro que perdono a mis antepasados por sus acciones que han causado consecuencias y repercusiones con las que estoy luchando hoy.

Pido que la intercesión por mi familia y todos sus problemas relacionados con estas diferentes formas de Baal se pongan en un solo caso, en una demanda colectiva. Sé que el acusador o el fiscal (ha-satan) me ha estado condenando por mis pecados y obteniendo juicios contra mí personalmente y las personas relacionadas a mi familia, lo que ha puesto a cada miembro de la familia en esclavitud.

No sé exactamente cuándo comenzó en la historia este matrimonio de la perversión de la verdad, pero estoy pidiendo que el registro regrese a la fundación más antigua o al lugar original donde comenzó el deseo de apartarse de ti Dios, y de abrazar la doctrina de los demonios, y que se incluyan todas los delitos hasta ahora en este caso.

...

Punto de oración 1

[Mateo 12:24 revela que Beelzebú es otro nombre para Baal. Baal-hamon, uno de los nombres de Baal, significa "el señor de la riqueza o la abundancia". Dutch Sheets y Chuck Pierce están de acuerdo en que este es el principado que está en guerra contra la gran transferencia de riqueza a la iglesia. Debo vencer eficazmente a este espíritu para ver mi herencia liberada.]

Cargo 1

El argumento del Acusador en mi contra

Él ha pecado al invertir en el reino de las tinieblas de muchas maneras que yo, el engañador y acusador, he ideado inteligentemente para obtener veredictos de culpabilidad en su contra. Por lo tanto, he podido obtener un juicio para que se les niegue la herencia.

Mi fuerza que uso contra Ti y contra ellos es porque violan tus leyes.

1 Corintios 15:56 dice: "ya que el aguijón de la muerte es el pecado, y el poder del pecado, la ley."

Mi Respuesta a la Acusación

Señoría, admito mi culpabilidad, y estoy en mi nombre, arrepintiéndome del pecado de invertir dinero a través de los productos que compro y los negocios que realizo en este ámbito (como los casinos) que ayudan a promover las actividades de este principado llamado Baal y le doy el derecho de robar mis finanzas.

Te pido que perdones mi pecado y me cubras con la Sangre de Jesús. Solicito que se aplique la Ley de Libertad de Información a este caso. Pido que la verdad sea revelada a nivel personal a aquellos que están siendo engañados. Pido que toda la corrupción sea expuesta y tratada para lograr un cambio piadoso en mi vida.

A medida que se desata la Libertad de Información sobre mi herencia, que consiste en personas y aquellos a quienes has llamado a salir de la oscuridad, las escamas que han estado sobre los ojos de mi entendimiento y su entendimiento caerán, y los velos del engaño desaparecerán. Veré tu verdad, aceptaré tu verdad y caminaré en tu verdad.

Por favor, traslada este caso en el cual el enemigo me ha estado vinculando legalmente y haciendo cumplir los juicios contra mí, desde la Sala de Audiencias del Cielo al Trono de tu Gracia y Misericordia, liberándome a mí y a otros a quienes ha mantenido cautivos por el pecado, eliminando los derechos de Baal y de cualquier otro dios extranjero involucrado en este caso.

Te pido que liberes mi herencia y la gran transferencia de riqueza que tienes reservada para tu iglesia. Mi acusador ya no tendrá un caso. Él tiene que liberar a los cautivos.

Jeremías 51:44 dice:

> *Y juzgaré a Bel en Babilonia, y sacaré de su boca lo que se ha tragado;, y no vendrán más naciones a él, y el muro de Babilonia caerá.*

. . .

Punto de Oración 2

[Baal-berit, otro de sus nombres, significa "el señor del pacto". La palabra hebrea Baal en realidad significa

"esposo" o "matrimonio". Este espíritu siempre intentó hacer que Israel se "divorciara" o rompiera el pacto con Dios y "se casara" o se alineara con él. De acuerdo con esto, de muchas maneras, Estados Unidos ha roto el pacto con Dios y se ha casado con Baal. Este es el hombre fuerte detrás de la mayoría de las rupturas de pactos.]

Cargo 2
El argumento del Acusador en mi contra

Muchos de los que se llaman a sí mismos por el nombre del Señor Dios Altísimo han cometido repetidamente adulterio espiritual contra Ti al no tomar en serio tus ordenanzas y leyes. Muchos son culpables de cometer adulterio entre ellos o participar en pornografía, así que puedo procesarlos por su pecado de romper el pacto de ellos contigo. Los capturo a través de su pecado y los induzco a través de muchos medios tortuosos a romper el pacto en sus matrimonios terrenales.

Mi Respuesta a la Acusación

Admito este pecado que me ha influenciado como individuo e incluso como nación. Mi adversario ha tenido éxito en su búsqueda para dividirme y sacarme efectivamente de la protección de tu pacto debido al pecado que le abre la puerta en mi vida. Él está trabajando destruyendo mis relaciones de pacto con los demás y entre

Tú y yo. Las estadísticas gubernamentales sobre la tasa de divorcios demuestran que ha tenido éxito.

Confesión Personal

Me arrepiento y pido perdón por este gran pecado que he cometido contra ti y contra los demás. Te pido que cubras este pecado que he cometido con la sangre de Jesús.

Solicito una sentencia que declare la concesión de una terminación inmediata de este matrimonio con Baal. Solicito el divorcio, un alejamiento de él en todos los ámbitos.

Te pido que me concedas un tiempo durante el cual liberes un espíritu de revelación de verdad y convicción sobre mí, durante el cual mi entendimiento se abrirá y mi corazón se preparará para el Evangelio en una medida plena. También pido un espíritu de arrepentimiento que traerá una cosecha de salvaciones y experiencias de renacimiento a mi región.

Oro para que se manifieste un avivamiento de tu Espíritu Santo y sus dones que ayudarán en la cosecha. Te pido que me concedas perspicacia y sabiduría a medida que comienzas a manifestar tu presencia de una manera más amplia en medio de mí. Amén.

Estoy de acuerdo con 1 Juan 1:9 que dice:

> *Si confieso mis pecados, Él es fiel y justo para perdonar mis pecados y limpiarme de toda maldad.*

Yo soy la Esposa de Cristo. Pido que se restablezca mi matrimonio con Jesucristo. Entiendo que estoy en el proceso de ser limpiado y restaurado a mi legítimo lugar de honor ante mi Rey. Estoy de acuerdo en volver mi corazón completamente hacia los planes y propósitos que tienes para mí. Me dedico a cumplir tu voluntad para mi vida, accediendo al proceso de transformación que has planeado y que me sellará como un pueblo de alianza contigo.

...

Punto de Oración 3

[Baal es el hombre fuerte detrás de la perversión sexual. La homosexualidad fue y es uno de sus grandes baluartes. Creo que todo el pecado y la perversión sexual en Estados Unidos están, en un grado u otro, bajo la orquestación de Baal. Yo continuaré viendo cómo Dios expone a los líderes de la iglesia que se han alineado con este espíritu. Oro para que se limpie la iglesia y para que se rompa el control de Baal sobre Estados Unidos en esta área.]

Carga 3
El argumento del Acusador en mi contra

Puede haber ocasiones en las que a él / ella realmente no le importe lo que la Biblia o el Juez en esta Sala de Audiencias tenga que decir sobre la homosexualidad u otras formas de lo que la Biblia dice que es perversión sexual. Incluso se llaman a sí mismos cristianos.

He podido difundir mi perversión de muchas formas a través de la mayoría de los medios. Mi agenda avanza. Este estado está aprobando leyes que incluyen la legalidad del matrimonio homosexual, que es mi arreglo matrimonial falso. Se están aprobando leyes a favor de todo tipo de derechos de gays y lesbianas. Incluso los líderes de la iglesia se están alejando de la verdad. Mi objetivo es que me los entregues. Tu Palabra es clara, este estilo de vida es un pecado.

Como evidencia presento Romanos 1:26-28:

"Por esto Dios los entregó a pasiones vergonzosas; pues aun sus mujeres cambiaron el uso natural por el que es contra naturaleza, y de igual modo también los hombres, dejando el uso natural de la mujer, se encendieron en su lascivia unos con otros, cometiendo hechos vergonzosos hombres con hombres, y recibiendo en sí mismos la retribución debida a su extravío. Y como ellos no aprobaron tener en cuenta a Dios, Dios los entregó a una mente reprobada, para hacer cosas que no convienen;"

Entonces pueden ver que estoy trabajando dentro de mi jurisdicción legal.

Mi Respuesta a la acusación

Estoy de acuerdo en que el acusador ha estado trabajando en mí. Mi objetivo es quitarme sus derechos legales también en esta área. Sé que puedo hacer esto arrepintiéndome y pidiendo perdón. Estoy en la brecha ahora mismo arrepintiéndome en nombre del pecado que he cometido contra ti al vivir y promover el estilo de vida homosexual, gay, lesbiana, y transgénero. Te pido perdón por esta gran abominación hacia ti.

Confesión Personal

Te agradezco, Señor, que tienes un plan para convertir esto en un testimonio de tu bondad y misericordia.

Yo, como Jeremías, fui sellado por ti antes que yo naciera. Jeremías 1: 5 dice:

> Antes que te formase en el vientre te conocí, y antes que nacieses, te santifiqué, te di por profeta a las naciones.

Te recuerdo ahora a los que, según tu Palabra, están cautivos en el campamento del enemigo. Te pido por todos aquellos que han sido robados de tus propósitos. Te pido, Señor, que envíes a tus huestes para recuperar a tus hijos perdidos.

Jeremías 3:22 dice:

Convertíos, hijos rebeldes, y sanaré vuestras rebeliones. He aquí nosotros venimos a ti, porque tú eres Jehová nuestro Dios.

También dirijo mi petición hacia aquellos que ahora están promoviendo la agenda homosexual que tienen grandes plataformas de medios. Te suplico y te agradezco de antemano porque los traerás al Reino de Dios.

Tu voluntad es que ninguno perezca, sino que tenga vida eterna. Señor, ayúdalos en su incredulidad. Pongo mi fe en que serán salvos y nacidos de nuevo y serán llenos del Espíritu Santo. Sus vidas cambiarán para promover la verdad y una agenda piadosa que se utilizará para liberar a innumerables personas.

Me parece interesante que hayan elegido el arco iris como objeto de identificación. Según Tu Palabra, el arco iris es el símbolo de tu fidelidad que me ha sido dado. Reconozco que esta es una declaración profética que están ondeando sobre sí mismos. Con sus acciones, mientras ondean sus banderas, están reclamando la restauración de un pacto piadoso sobre sus vidas. Yo puedo ser animado en que serás fiel y los limpiarás de pecado y los devolverás al lugar que les corresponde en tu reino.

Te pido que realices una intervención de emergencia como solo Tú puedes orquestar.

Pido perdón y un lavado con la sangre de Jesús por este terrible pecado.

Te pido que me trasladen del juicio al Trono de Gracia y Misericordia donde Tú extenderás un tiempo de gracia y misericordia sobre mí para que las leyes puedan ser cambiadas.

Ayúdame mostrándome qué hacer para que estas leyes perversas sean derogadas de los libros.

. . .

Punto de Oración 4

[Baal siempre va tras la siguiente generación, tratando de cortar la extensión de los propósitos del pacto de Dios. Es un espíritu violento e incluso requirió sacrificios humanos. El aborto está bajo Baal, al igual que el "corte" en la generación joven de hoy (ver 1 Reyes 18:28), el movimiento vampiro y gótico, y la cultura de la muerte, en general, que tanto ha invadido a Estados Unidos. Baal está liderando la lucha para evitar el gran despertar planeado para la generación joven estadounidense en la actualidad. Ore contra eso y verá los resultados. La brujería y los espíritus ocultos, en general, operan bajo Baal al igual que Jezabel.]

El argumento del Acusador en mi contra

Él dice:

Trabajo dentro de mi autoridad. Esta región permite el aborto legalizado por ley estatal. He podido eliminar legalmente a generaciones enteras. Esta es una forma de sacrificio humano que estoy promoviendo hoy. Estoy robando la juventud de esta región para mis propósitos. Mis proyectos de brujería y promoción de lo oculto van bien. La mayoría de la gente no me molesta mientras me ocupo de mis asuntos.

Mi Respuesta a la Acusación

Como creyente, me entristece la legalización del aborto. Como contribuyente, comparto la culpa de sangre que clama por juicio. Puedo ver la mano de mi acusador usando esta legalización para intentar matar a los jóvenes mediante el suicidio, el uso de drogas u otros medios.

Confesión Personal

Me arrepiento en nombre del pecado del aborto y pido perdón por ese pecado.

Me arrepiento de la pérdida de destinos y propósitos que han ocurrido en la tierra como resultado de este gran pecado.

Te pido que escuches mi súplica y me ayudes mientras mueves mi caso del juicio a la gracia y la misericordia, y pido por un tiempo en el que me ayudes a emplear estrategias para cambiar estas leyes. Bendice y promueve la agenda y las finanzas de quienes luchan por cambiar estas leyes. Quita los velos de los ojos de mis legisladores y votantes y dame poder por tu Espíritu Santo para apoyar la iniciativa de cambiar las leyes para que el aborto ya no sea legal.

Te pido que invadas el campamento del enemigo con las Huestes del Cielo. Arresta y procesa a los que practican y promueven la brujería y el ocultismo en mi región. Estoy parado en la brecha arrepintiéndome en nombre de este pecado en mi región y pidiendo perdón. Pido que tu gloria invada mi región, lávame y sana mi corazón, mi mente y mi país. Amén.

. . .

[Tengo un representante de la generación más joven a quien le gustaría ofrecer una declaración de culpabilidad en la corte].

Embajador de la Generación Joven

Querido Jesús, me presento ante ti como representante de los que pertenecen a esta generación más joven. Me paro humildemente en la brecha, arrepintiéndome de los pecados que están registrados como cargos en mi contra en la Sala de Audiencias del Cielo. Especialmente pido perdón por el pecado de rebelión y desobediencia que he cometido contra ti, mis padres y los que tienen autoridad sobre mí, lo que ha permitido que una maldición caiga sobre mí.

Perdono a mis padres y a otros que han pecado contra mí. Pido que venga sobre mí un espíritu de reconciliación y sanidad. Te pido que vuelvas el corazón de los padres hacia sus hijos y el corazón de los hijos hacia sus padres.

Te agradezco, Dios Padre, que tu Palabra dice que los niños son una herencia y un regalo tuyo. Dices que el fruto del vientre es tu recompensa. Estoy en la brecha arrepintiéndome en nombre del pecado de aborto entre la generación más joven y pido perdón por ese pecado que le ha dado al enemigo el derecho legal de perseguir a esta generación.

Nuestro enemigo me está cegando a la verdad debido al pecado que he cometido. Ha puesto un velo sobre los ojos de mi entendimiento. Algunos de tus hijos están abrumados por el desánimo, creyendo la mentira que dice que no pueden salir de la esclavitud en la que están. Esto está provocando la muerte prematura de jóvenes por sobredosis de drogas, suicidio y odio a sí mismos.

Te pido que se desate un espíritu de salvación en mi región para la generación más joven. Ayúdame a ser fructífero para tu reino. Mientras soy perdonado por mis pecados, cúbreme con la Sangre de Jesucristo. Mueve los dones del Espíritu Santo en mí. Bautízame con un nuevo bautismo de fuego que quemará todas las ataduras y prenderá fuego en mí por tu Palabra. Por favor, mueve cualquier caso que el enemigo haya tenido contra mí al Trono de Gracia y Misericordia.

Te pido que me pongas en custodia protectora durante el tiempo en el que me quitas los velos y las escamas de mis ojos, y yo veré la verdad, abrazaré la verdad y caminaré en tu verdad. Amén.

Confieso lo que dices que harás por mí en Isaías 49: 24-25

¿Será quitado el botín al valiente? ¿Será rescatado el cautivo de un tirano? Pero así dice Jehová: Ciertamente el cautivo será rescatado del valiente, y el botín será arrebatado al tirano; y tu pleito yo lo defenderé, y yo salvaré a tus hijos.

Gracias por escuchar mi súplica en nombre de la generación más joven y responder a mi oración como respondiste a Daniel, que era un hombre de la generación más joven.

Leeré cuál fue la respuesta a Daniel mientras oraba como yo he orado.

Daniel 9:20-23: Aún estaba hablando y orando, y confesando mi pecado y el pecado de mi pueblo Israel, y derramaba mi ruego delante de Jehová mi Dios por el monte santo de mi Dios; aún estaba hablando en oración, cuando el varón Gabriel, a quien había visto en la visión al principio, volando con presteza, vino a mí como a la hora del sacrificio de la tarde. Y me hizo entender, y habló conmigo, diciendo: Daniel, ahora he salido para darte sabiduría, y entendimiento. Al principio de tus ruegos fue dada la orden, y yo he venido para enseñártela, porque tú eres muy amado. Entiende, pues, la orden, y entiende la visión.

Te recuerdo y recuerdo los resultados de las oraciones de intercesión de Daniel. Estoy de acuerdo con tu Palabra que *dice: Tu propósito será establecido y tú harás por mí todo lo que te plazca. Esto se aplica a mí hoy.*

El Salmo 103: 20 dice que los ángeles escuchan la voz de la Palabra y salen a ejecutarla. Como presenté mi arrepentimiento y recibí el perdón, luego cité la Palabra después de cada punto; los ángeles presentes escucharon la voz de la Palabra y van a realizarla en mi familia.

Isaías 46: 9-10 dice:

> *Acordaos de las cosas pasadas desde los tiempos antiguos; porque yo soy Dios, y no hay otro Dios, y nada hay semejante a mí, que anuncio lo por venir desde el principio, y desde la antigüedad lo que aún no era hecho; que digo: Mi consejo permanecerá, y haré todo lo que quiero;*

Ayuda al progreso

Con esto concluye mi parte de peticiones de oración y decretos de la sesión en la Sala de Audiencias sobre los 4 puntos de oración que se me ordenó presentar por mi familia. Sé de acuerdo con 1 Juan 5:14-15 que el decreto de divorcio me ha sido otorgado como individuo, así como el restablecimiento de mi pacto con el Rey de Reyes, Jesucristo mi Novio.

Antes de concluir, todavía tengo algunos asuntos que atender en la Sala de Audiencias.

Dirigiéndome a mi Acusador

Ahora el Juez me pregunta si tengo algo que decirle a mi acusador y yo respondo diciendo "Sí, Señoría". Le citaré tu Palabra, que es alabanza a tus oídos, y al hacer esto, lo pondré por estrado de tus pies".

Confesión Personal

El Señor dice que mis adversarios serán vestidos de vergüenza.

Te cubrirá de confusión como con un manto.

Mi Señor dice en su Palabra que su mano encontrará a todos y cada uno de mis enemigos; Él te pondrá como horno de fuego en el tiempo de su ira.

Él te devorará en su ira, y su fuego te consumirá.

Tu fruto será destruido de la tierra, y tu mala semilla de entre los hijos de los hombres.

Tú pretendías mal contra mí; pensaste un plan malicioso que no puedes realizar.

Mi Padre destruirá tus planes y confundirá tus lenguas.

Serás confundido y avergonzado.

Te volverás atrás y te confundirás por haber inventado mi dolor.

Serás como paja ante el viento, y el Ángel del Señor te buscará.

Tu camino será oscuro y resbaladizo, y el Ángel del Señor te perseguirá.

Mi Padre dice en su Palabra: He aquí, defenderé tu caso y tomaré venganza por ti. Salmo 109: 29; Salmo 21: 8-11; Salmo 55: 9; Jeremías 51:36

. . .

Agradeceré a mi Padre el Juez Justo, a Jesús el Hijo y al Espíritu Santo por escuchar mi caso y sentenciar a mi favor.

Escrituras para citar corporativamente al Juez

Señor Dios, has establecido tu trono en los cielos y tu reino domina sobre todo.

Porque tú, Señor, eres mi Juez y Legislador; tú eres mi Rey; me salvarás.

Nuestra alma se alegrará en ti. Me regocijaré en tu salvación.

Sé exaltado, oh Señor, en tu propia fuerza. Cantaré y alabaré tu gran poder.

Te doy gracias, Padre, por tus grandes misericordias que no me has negado.

Que tu misericordia y tu verdad me preserven continuamente.

. . .

Gracias Jesús por hacer posible la entrada a la Sala de Audiencias del Cielo y defender mi caso.

Querido Jesús, gracias por tu amoroso sacrificio por mí. Moriste para que yo pudiera ser libre.

Con la ayuda del Espíritu Santo, me esforzaré por caminar en amor hacia los demás como tú me amaste a mí.

No juzgaré y extenderé gracia y misericordia como tú me extiendes gracia y misericordia todos los días.

Te pido que cada día me parezca más a ti. Cuando otros me vean, que te vean a ti.

Ayúdame a desear el alimento de tu Palabra, la cual, al leerla, yo sea lavado. Enséñame tus caminos.

Gracias, Señor, por escuchar y por ayudarme a caminar más profundamente en la fe y ser más audaz en la oración. Bendito sea tu Santo Nombre. Amén.

Gracias Espíritu Santo; te agradezco por tu presencia en esta tierra. Me rodeas con tu presencia; habitas en mi ser.

Me consuelas y me animas en los momentos difíciles de mi vida.

Me traes la revelación divina cuando la necesito. Me traes todas las cosas a la memoria.

Revelas tesoros escondidos en lugares profundos cuando menos lo espero, especialmente las Escrituras que he leído en el pasado, pero que no puedo recordar.

Tienes memoria y amor perfecto para ayudarme, y te agradezco por eso.

Tú eres la luz que está dentro de mí que libera tu gloria y echa fuera las tinieblas.

Gracias por iluminar mi camino y dirigirme divinamente todos los días.

Te bendigo por todo lo que haces que no reconozco como tu obra en mi vida. Amén.

[Ahora, ingrese a la Corte de los Escribas y obtenga el veredicto que se acaba de emitir, luego ingrese a la Corte de Ángeles y solicite el envío de ángeles para recibir las órdenes e instrucciones del veredicto emitido].

Bendición apostólica

Que el Señor me bendiga, miembros del Reino de Dios y esposa de Jesucristo, con la plenitud de sus bendiciones mientras mantengo mi compromiso matrimonial con Cristo al permanecer en Él, someterme a Él y honrarlo con sincera reverencia y humilde servicio. .

Declaro que mientras me someto a su dirección, Él se someterá a mi necesidad. Bendíceme, Padre, con plenos derechos maritales que me impregnarán de visión, llevándome a la santidad y a la multiplicación. Te pido este día que me traslades de la vergüenza al favor.

Bendíceme, te ruego, mientras busco tu rostro. Amén.

Capítulo 36
Petición de divorcio del dios de la Luna

(También llamado dios del pecado)

Al divorciarnos del dios de la Luna, estamos completando los procedimientos de divorcio necesarios. El divorcio de Baal (el dios del sol) junto con el divorcio del dios de la luna (Alá) debería llevarlo a usted un nuevo nivel de libertad en su vida. Esto también se puede aplicar a su región o territorio.

En las siguientes páginas, leerá las diversas formas en que el dios de la Luna ha impactado nuestras vidas y cómo entró en nuestras vidas. Intercaladas en las enseñanzas de Jeanette Strauss y Doug Carr hay oraciones de arrepentimiento y peticiones. Si realiza estas oraciones en grupo, la sección Oraciones Compiladas solo contiene las oraciones de arrepentimiento y peticiones.

Que disfrute de nuevos niveles de libertad en su vida a partir de este día.

Jeanette Strauss, líder de oración apostólica en Michigan, que trabaja con el Apóstol Doug Carr, fue responsable del Decreto de Divorcio de Baal que quizás ya haya visto. Ese decreto específico fue el resultado de un evento de oración que convocaron en nombre de su región geográfica y el cual llevó a Jeanette a investigar más. Aquí está lo que ella tuvo que decir:

"Ese caso se resolvió y el divorcio fue otorgado por la corte más alta. Después de orar y buscar a Dios para ver si había otras acciones que necesitaran atención, sentimos que el Señor nos guiaba a examinar quién es el dios de la Luna. Baal es conocido como el dios del Sol por lo que cubre las 12 horas del día, pero ¿quién es el dios de la Luna que gobierna la noche? Consideramos quién es, qué influencia tiene y decidimos buscar el divorcio de él también.

Descubrimos que uno de sus nombres es "pecado". Otro nombre más familiar para nosotros es "Alá". Diferentes tribus árabes le dieron al dios de la Luna diferentes nombres / títulos. Algunos de los nombres / títulos de este dios de la Luna son "Sin, Hubul, Ilumquh, Al-ilah". La palabra "Alá" se deriva de "Al-ilah"[84] Allah y se identifica con el símbolo de la luna creciente y la estrella.

---

[84] https://www.bible.ca/islam/islam-moon-god.htm

Cuando escuchamos el nombre de Alá, nuestras mentes pueden dirigirse a las naciones musulmanas y su símbolo de la media luna y la estrella, o incluso el nombre de su dios Alá, que es el mismo dios que el dios del pecado. Tendemos a pensar que este es el dios de la región de Medio Oriente, pero los estadounidenses están vinculados de una manera muy real y activa a este dios de la Luna".

El líder apostólico Doug Carr se une diciendo:

"El Señor me abrió portales de revelación mientras caminaba en oración a mediados de abril hace unos años. La luna estaba muy brillante y podía ver el camino, el contorno de árboles y arbustos, y la silueta de gansos en el río. Sabía que caminaba a la luz menor, la de la luna, en lugar de a la mayor luz dada para gobernar el día. Incluso antes de comenzar a caminar, sentí cómo el dios de la Luna trata de engañar a las personas y a las regiones para que caminen en su luz menor.

Como Baal es el dios del Sol, Alá es el dios de la Luna. Dios creó la luna como la luz menor para gobernar la noche. El pecado y Satanás han contaminado tal gobierno, por lo que las personas, incluidos los cristianos, a menudo se rigen por la luz menor de las tinieblas en lugar de buscar y caminar en la luz de Dios Padre, Hijo y Espíritu Santo.

El (los) dios (es) de la Luna nos hacen caminar en una luz menor. Bajo su influencia:

- No buscamos la luz de Dios en: POR QUÉ las cosas son como son.

- Nos conformamos con menos que lo mejor, cediendo a la esclavitud del derecho, en lugar de buscar las soluciones de Dios para la pobreza, la violencia, el odio y cosas por el estilo.
- Nos sometemos a un gobierno opresivo en lugar de buscar la luz mayor y libertad de Jehová mismo. Esto es cierto para las naciones bajo un gobierno dictatorial, así como para los individuos bajo un gobierno dictatorial en los hogares, las iglesias, la sociedad y los lugares de trabajo.
- Las personas bajo la influencia del dios de la Luna prefieren que otras personas solucionen sus problemas, incluso si esto los lleva a la esclavitud, en lugar de buscar soluciones del Señor.

El dios del estado de ánimo impide que las personas busquen la Luz Mayor de Dios a través de:

- La Palabra de Dios. (2 Timoteo 2:15, 3:16-17)
- La Sabiduría (sabiduría celestial) de Dios. (Santiago 1:8; 3:13-18)
- El mundo de la revelación (voz de la creación). (Romanos 1:20b)

Los perezosos no van a la hormiga, para aprender a ser sabios. En cambio, confían en otros para rescatarlos y satisfacer sus necesidades: en lugar de preguntarle a Dios cómo cuidar mejor de sus cuerpos, esperan que los médicos o curanderos por fe reparen el daño que ellos mismos causan, etc. (Proverbios 6:6- 11)

El doble testimonio de Dios es la voz de la conciencia (Romanos 1:20a) y la voz interior de la adopción (Romanos 8:15)

La gente busca en los demás una revelación personal más que en Dios. En lugar de buscar a Dios por sí mismos, confían en los profetas y la Lista de Elías u otros medios".

Maneras en que trabaja el dios de la Luna
El dios de la Luna explota el poder del secreto

Al mantener las cosas escondidas (ocultas, masónicas, etc.), el dios de la Luna puede continuar con los patrones de pecado y destruir vidas. Vemos secretos familiares y secretos de la iglesia. Un pastor que es un perpetrador, en lugar de disciplinar al perpetrador, se excomulga a la víctima.

En otra iglesia, un pastor gay que supervisa una guardería fue acusado de comportamiento inapropiado. En lugar de abordar el comportamiento inapropiado del pastor contra los niños en la guardería de la iglesia, la iglesia despidió a quienes intentaban abordar las preocupaciones.

El dios de la Luna se asocia con Alá

El dios de la Luna se asocia con Alá para hacer que las personas sean pasivas para que no busquen a Dios para sus propias respuestas. En lugar de buscar por qué persiste la enfermedad, esperan que la medicina o los curanderos por la fe se encarguen de sus problemas. En lugar de aprender a resistir al diablo y hacerlo huir, esperan que los ministros de liberación lo hagan.

El dios de la Luna seduce

El dios de la Luna seduce a los creyentes para que escondan el PECADO y en secreto continúen en él, en lugar de confesarlo y arrepentirse de él.

El dios de la Luna oprime a las mujeres

El dios Luna oprime a las mujeres y cubre su belleza y potencial en la vida y en el ministerio.

El dios de la Luna distrae

El dios de la Luna cubre el poder de una multitud de pecados al distraer el enfoque de la responsabilidad personal. Unos terroristas bombardean dos iglesias el Domingo de Ramos y el mundo entero reacciona ante la magnitud del daño. Alrededor de 49 personas murieron y 100 resultaron heridas. Compare eso con la multitud de personas bajo la influencia de los dioses lunares en las iglesias locales. Esperan que otra persona se ocupe de sus familias, sus necesidades médicas, su vivienda, su educación y todo lo demás, desde el nacimiento hasta el entierro. Su lealtad equivocada a la agenda del dios de la Luna pasa desapercibida y, por el poder de estar ocultos, destruyen más iglesias, familias, vecindarios y comunidades que los terroristas del Estado Islámico detrás de los atentados con bombas en las iglesias. Continúan robando, robando y destruyendo familias, comunidades y naciones porque ceden pasivamente a la seducción del dios Luna en lugar de buscar la luz mayor de Cristo. Cubriremos cualquier conexión que podamos tener con este dios menor de la luna luminosa antes de concluir nuestro caso judicial.

Estos problemas importantes que ocurren por vivir en esta luz menor y otros síntomas de la maldición debido a que el dios de la Luna está activo en nuestros linajes son sobre los que tomaremos medidas. No solo muchos caminan y luchan en la luz menor sin comprender lo que realmente está sucediendo, sino que muchos creyentes han sido atrapados sin saberlo y están siendo acosados por este dios de la Luna.

Ser un Heredero Legal

Algunos están sufriendo consecuencias adversas debido a que alguien en su linaje se comprometió con este dios extranjero al decretar ciertos juramentos requeridos y votos de fidelidad a este dios sin darse cuenta completamente de lo que estaban haciendo. Estamos hablando de las diferentes organizaciones de ocultismo que muchos pueden pensar que son buenas porque hacen cosas buenas para ayudar a la humanidad y exhiben muchos artículos religiosos para que las personas puedan ser engañadas. Usan cruces en sus ceremonias y también Biblias.

Juramentos de Lealtad hasta la muerte

La mayoría de nosotros entendemos que si se hace un voto a un dios extranjero, esto trae una maldición que les permite a los demonios el derecho de atacar a la persona involucrada y a su linaje. Algunos de ustedes aquí pueden reconocer síntomas de enfermedades o aflicciones físicas que se han convertido en residentes de sus familias al leer los juramentos y votos que un pariente pudo haber realizado sobre sí mismo al unirse a una de estas organizaciones que están bajo la jurisdicción del dios de la Luna Alá; estos juramentos requieren que una persona prometa su total lealtad hasta el punto de la muerte.

Una maldición sin causa

La Palabra dice que una persona puede recibir una maldición si tiene un derecho legal o una causa. Estas maldiciones ejercerán su derecho legal al descender y adherirse firmemente, luego comenzarán el viaje por el linaje generacional. Solo se detendrán efectivamente cuando la causa raíz sea arrepentida y perdonada por Dios, y luego la maldición sea revocada.

Proverbios 26:2: "Como el gorrión en su vagar, y como la golondrina en su vuelo, Así la maldición nunca vendrá sin causa."

Oración de Arrepentimiento

Comencemos por hacer una oración colectiva de arrepentimiento en general, pero no una oración específica por ahora. Es importante hacer esto antes de entrar en los hechos de este caso contra el dios de la Luna. Es posible que el enemigo tenga un velo sobre nuestros ojos y no podamos ver el engaño por el que podríamos estar luchando, así que hacemos esto para que los velos se quiten antes de comenzar.

> *Querido Padre Celestial, hoy me presento ante ti en la Sala de Audiencias del Cielo. Me arrepiento en nombre de cualquier pecado que personalmente haya cometido contra ti o tu Palabra. Confieso mis pecados y te pido que me perdones y los cubras con la sangre de Jesús. Te pido que muevas cualquier caso que el enemigo presente en mi contra, al Trono de Gracia y Misericordia donde el Señor quitará cualquier velo que pueda estar sobre los ojos de mi entendimiento, y veré la verdad, y me hará libre. Amén.*

Al presentar nuestro caso, estamos cubriendo nuestros propios linajes generacionales y, como Daniel en la Biblia, estamos llamados a ser Embajadores de la Reconciliación para nuestra región y territorio, así como para nuestras familias. Hacemos esto en nombre de aquellos que no saben lo que se ha dicho sobre ellos o en su propia ignorancia han pronunciado estos votos y juramentos y han sido atrapados por este dios, que ha afectado nuestras vidas. El Espíritu Santo guiará a una persona a toda verdad. No es nuestro trabajo hacer que la gente tenga entienda; más bien nuestro trabajo es interceder.

Una forma en que podemos encontrarnos atrapados es si nosotros o nuestros antepasados hemos sido o todavía somos miembros de alguna de estas organizaciones: Masonería, Shriners, Estrella del Oriente, Logia del Salón del Príncipe o cualquier otra sociedad secreta. La validación que usa esta maldición son los juramentos verbales y los votos que establecen el pacto hablado, seguidos de la promulgación simbólica para confirmar el compromiso y devoción que realizamos nosotros o alguien de nuestro linaje generacional.

Técnicamente, estos votos y promulgaciones se han pronunciado y ejecutado delante de Dios y de testigos, tal como lo son los votos matrimoniales. Esos votos matrimoniales están legalmente en vigor y son vinculantes hasta que se legalice el divorcio. La Biblia dice:

Proverbios 6:2: "Te has enlazado con las palabras de tu boca, Y has quedado preso en los dichos de tus labios."

Mateo 5:33-34,37: "Además habéis oído que fue dicho a los antiguos: No perjurarás, sino cumplirás al Señor tus juramentos. Pero yo os digo: No juréis en ninguna manera; ni por el cielo, porque es el trono de Dios. Pero sea vuestro hablar: Sí, sí; no, no; porque lo que es más de esto, de mal procede."

Santiago 5:12: "Pero sobre todo, hermanos míos, no juréis, ni por el cielo, ni por la tierra, ni por ningún otro juramento; sino que vuestro sí sea sí, y vuestro no sea no, para que no caigáis en condenación."

Entendemos que muchos ya han revocado maldiciones de estas organizaciones, pero nuestro objetivo es liberar nuestras regiones y familias. En el proceso, es posible que vea que hay un paso que puede haber omitido en sus oraciones. Podríamos estar pensando que estamos divorciados de estos dioses y en realidad no lo estamos. Digo esto debido al dios del pecado Alá y ciertos derechos relacionados con otras entidades que pueden haber sido tomadas sin el conocimiento de una persona.

Nuestro propósito es recuperarnos a nosotros mismos y a nuestra región de la trampa del diablo, quien ha llevado cautivos a muchos sin el conocimiento de ellos. Solicitaremos al final que el Juez de nuestra región, territorio y familias emita una orden de cese y desistimiento contra el dios del pecado, Alá.

2Ti 2:26: "y escapen del lazo del diablo, en que están cautivos a voluntad de él."

A continuación se presenta una breve descripción de cada una de estas ocho organizaciones y los votos que requieren. Luego, estaremos con una oración de arrepentimiento sobre cada uno de esos temas individualmente y renunciaremos a cada uno de sus juramentos y votos requeridos.

¿Quién es Alá?

Él es el dios de los Shriners, Masones y de la Orden de la Estrella de Oriente.

Participación de los Shriner

Si tiene un miembro de la familia que era un Shriner.

La luna creciente y la estrella son el emblema o símbolo que los Shriners usan con orgullo. Para ponerse el sombrero y la chaqueta con los emblemas, se pronuncian votos y juramentos. El sombrero llamado Fez tiene la media luna y la estrella.

A un Shriner se le da un Fez rojo con una espada islámica y una joya en forma de media luna en el frente. Este emblema de la espada se origina en el siglo VII cuando los musulmanes, bajo el liderazgo de Mahoma, masacraron a todos los cristianos y judíos que no se inclinaban ante el dios pagano de la Luna, Alá. Es un símbolo de subyugación.

Los Shriners comenzaron de manera bastante inocente, excepto por su vínculo y lealtad al dios pagano de la Luna Alá (nótese el emblema de la media luna). Los candidatos para la introducción a los Shriners son recibidos por un Sumo Sacerdote, quien dice:

"Por la existencia de Alá y el credo de Mahoma; por la santidad legendaria de nuestro Tabernáculo en La Meca, los saludamos".

Los nuevos miembros entonces juran sobre la Biblia y el Corán, en el nombre de Mahoma, e invocan las usuales y espantosas penas de la Masonería sobre sí mismos:

"Por la presente, sobre esta Biblia, y sobre la misteriosa leyenda del Corán, y su dedicación a la fe musulmana, prometo y juro y hago este voto... que nunca revelaré ninguna parte o porción secreta de las ceremonias... y ahora en este libro sagrado, por la sinceridad del juramento de un musulmán, registré aquí este voto irrevocable... en violación deliberada de este, puedo incurrir en el terrible castigo que me atraviesen los ojos hasta el centro con una hoja de tres filos, me flagelen los pies y ser forzado a caminar sobre las arenas calientes de las costas estériles del Mar Rojo hasta que el sol llameante me golpee con una plaga lívida, y que Alá, el dios de los árabes, musulmanes y mahometanos, el dios de nuestros padres, me apoye en todo cumplimiento del mismo. Amén. Amén. Amén."

Musulmán es el término preferido para "seguidor del Islam", aunque también se usa ampliamente Islámico.[85]

---

[85] https://www.quora.com/What-is-the-difference-between-the-Words-Moslem-and-Muslim

Con este juramento, en su ignorancia, las personas que se consideran cristianas juran sobre el Corán y declaran que Alá es "el dios de nuestros padres". Desde la perspectiva del cristianismo y del Islam por igual, los Shriners toman el nombre de Dios en vano y se burlan de ambas religiones.

Voto Irrevocable

Curiosamente, tienen que decir amén tres veces para establecer lo que están aceptando. Vemos un ejemplo de esto en la Biblia con Pedro. En Marcos 14:66-72, jura tres veces que no conoce a Jesús. Esto indicó que necesitaba decir algo tres veces para enfatizar que estaba rechazando a Cristo, lo cual hizo. Vemos que hacerlo, lo quitó incluso de ser considerado un discípulo por el mismo Cristo. Para ser reinstalado, Jesús se propuso pedirle a Pedro que repitiera tres veces que lo amaba para revocar su negación anterior y reinstalarlo en su puesto anterior.

> *Marcos 16:7: "Pero id, decid a sus discípulos, y a Pedro, que él va delante de vosotros a Galilea; allí le veréis, como os dijo."*

Vemos que una persona puede ser restaurada a Jesús y perdonados sus juramentos, pero es necesario hacer algo al respecto. El voto no se quita solo y la maldición tampoco lo hará voluntariamente. Mientras hacemos esta oración, es posible que usted vea y se arrepienta de cosas que no estaban en la descripción de sus votos, pero que se basan en alguna actividad original de esta organización.

Oración de Arrepentimiento

Venimos humildemente ante ti a la Sala de Audiencias del Cielo. Entendemos que hay muchas personas en nuestra región y familiares en nuestros linajes que han sido corrompidos por este tipo de pecado en particular.

Estamos en la brecha y nos arrepentimos en nombre del pecado cometido por cualquier pueblo dentro de las regiones y territorios representados, y por cualquier miembro de nuestro linaje generacional que haya realizado y esté de acuerdo con estos juramentos y votos hechos a Alá a través de la organización de los Shriners.

Renunciamos a los juramentos realizados y a las acciones realizadas en cualquiera de estos ritos. Renunciamos a las maldiciones y a sus penas involucradas en la Antigua Orden Árabe de los Nobles del Santuario Místico. Pedimos perdón por este pecado de adoración a Alá en esta región, y pedimos que la sangre de Jesús cubra y corte cualquier maldición relacionada con nuestra región, con cada uno de nosotros y con todos los miembros de nuestro linaje generacional que están todavía vivos y con los que están por venir.

Renunciamos y ROMPEMOS esta maldición, y ORDENAMOS a todos los demonios que trabajan a través de estas maldiciones que se vayan ahora. (Expulsar al soplar o toser)

Decimos: "El Señor te reprenda. ¡Ya no tienes ningún derecho legal a quedarte!"

Te rogamos, Señor, que restaures lo que la langosta nos ha robado personalmente, a nuestras familias y a esta región.

Te pedimos que liberes las bendiciones y las sanidades que tienes para nosotros.

Te pedimos que elimines a este dios y su influencia de nuestra región y territorio.

Pedimos que la revelación divina llegue a aquellos que han sido atrapados por este dios.

Te rogamos, Jesús, que eres la luz del mundo: Háblales en sueños y visiones. Revela tu verdad. Decimos que ellos verán la verdad y abrazarán tu verdad y caminarán en tu verdad. Amén.

. . .

Miembros de la Logia Masónica
1° Grado

Estos juramentos se encuentran en varias publicaciones masónicas, incluyendo *Moniter y Ritual Masónico de Duncan* y *Mira hacia el Este*, un ritual de los primeros tres grados de la Masonería.

El juramento realizado por el candidato a Aprendiz es:

Yo, _____, por mi propia voluntad y acuerdo, en la presencia de Dios Todopoderoso, y esta Venerable Logia erigida a él y dedicada al Santo San Juan, hago por la presente y en la presente (el Maestro presiona su mazo en los nudillos del candidato) el más alto saludo, ocultar para siempre, nunca revelar a cualquier persona, ninguna de las artes secretas, partes o puntos de los misterios ocultos de la Masonería que han existido hasta ahora, o existirán, comunicados a mí, excepto que sea un verdadero y legítimo hermano Masón, o dentro del cuerpo de una Logia de Masones justa y legalmente constituida. Todo esto lo prometo y juro de la manera más solemne y sincera, con una resolución firme y resuelta a mantener y realizar lo mismo, sin el menor equívoco, reserva mental o evasión secreta alguna; que atarme bajo pena no menor que me corten la garganta de oreja a oreja, me arranquen la lengua de raíz y me entierren en las arenas del mar, en la marca de la bajamar, donde la marea baja y fluye dos veces en veinte y cuatro horas, si yo, al menos, a sabiendas o deliberadamente violo o transgredo esta obligación de Aprendiz. Así que ayúdame Dios y mantenme firme (Mira hacia el Este, págs. 30, 31).

Además, prometo y juro que no engañaré, dañaré o defraudaré a un hermano Compañero de la Logia, o hermano de este grado, a sabiendas o intencionadamente.

Todo esto lo prometo y juro de la manera más solemne y sincera, con una resolución firme y resuelta a mantener y realizar lo mismo, sin el menor equívoco, reserva mental o auto-evasión alguna; atarme bajo pena no menor que la de tener mi pecho izquierdo desgarrado, mi corazón arrancado de allí y entregado a las bestias del campo y a las aves del cielo como presa, si yo, en lo más mínimo, a sabiendas o intencionalmente, violo o transgredo esta obligación de Compañero. Así que ayúdame Dios y mantenme firme (Ibíd., P. 96).

Algunos miembros de la logia podrían decir que no toman estos juramentos en serio y no se sienten obligados por ellos. Sin embargo, Jesús dice que no debemos participar en juramentos falsos, profanos o frívolos. (Mateo 5:33-37)

Si los masones toman estos juramentos en serio, serán condenados por hacer tales juramentos profanos. Si no los toman en serio y no se sienten atados por ellos, siguen siendo condenados por tan frívolos juramentos y por usar el nombre de Dios de esa manera. Después de hacer cada uno de estos juramentos, se le pide al candidato que bese la Biblia. Esta podría ser la razón por la que algunos se engañan al pensar que Dios lo aprueba de alguna manera retorcida, especialmente si son cristianos nuevos. El Señor nos advierte sobre hacer votos.

Santiago 5:12: "Pero sobre todo, hermanos míos, no juréis, ni por el cielo, ni por la tierra, ni por ningún otro juramento; sino que vuestro sí sea sí, y vuestro no sea no, para que no caigáis en condenación."

Oración y Petición de Arrepentimiento

Nos arrepentimos por el pecado cometido por cualquier persona de nuestro linaje generacional y en nombre de cualquiera de aquellos en nuestra región y territorio que hayan realizado y promulgado los votos y juramentos necesarios para unirse a la Logia Masónica.

Pedimos perdón por este pecado que promete lealtad al dios extranjero Alá. Pedimos que la sangre de Jesús cubra estos pecados y lave a la gente. Te pedimos que nos apartes de las maldiciones y sus consecuencias como resultado de estos votos y juramentos.

Renunciamos a los juramentos realizados y a las maldiciones involucradas en el 1º grado Aprendiz, especialmente a sus efectos en la garganta y la lengua.

Renunciamos al engaño, la venda de los ojos y sus efectos sobre las emociones y los ojos, incluyendo toda confusión, miedo a la oscuridad, miedo a la luz y miedo a ruidos repentinos.

Renunciamos a la palabra secreta Boaz y todo lo que significa.

Renunciamos a la mezcla y distorsión de la verdad y el error y a la blasfemia de este grado de Masonería.

Renunciamos a la soga alrededor del cuello, al miedo a atragantarse, y también a todo espíritu que cause asma, fiebre del heno, enfisema o cualquier otra dificultad para respirar.

Renunciamos a la punta del compás, la espada o lanza contra el pecho, el miedo a la muerte por el dolor punzante y el miedo al infarto en este grado.

En el nombre y a través de la sangre de Jesucristo, ahora oramos por la sanidad de la garganta, las cuerdas vocales, los conductos nasales, los bronquios, los pulmones, y por la sanidad del área del habla y la liberación de la Palabra de Dios para que yo y a través de mí y de mi familia y en toda nuestra región y territorio venga avivamiento y la gloria de Dios.

Renunciamos y ordenamos a esta maldición y a todos y cada uno de los demonios que la acompañan que se vayan ahora. Ya no tiene ningún derecho legal a quedarse.

Te suplico, Señor, que quites los velos de los ojos del entendimiento de aquellos que están cegados y atrapados por el enemigo y todavía están activos en esta organización. Muéstrales la verdad.

Pedimos que se publique una ley de libertad de información incluso a través de los medios de comunicación sobre la verdad de estas organizaciones y otras cosas que han sido ocultadas por este dios, Alá.

Oramos para que la simiente de Abraham que vive en nuestra área se despierte a la verdad a través de cualquier medio que tú desees emplear como el único Dios vivo y verdadero.

Te agradecemos por las salvaciones y el avivamiento que ocurrirán cuando nos concedas nuestro divorcio de este dios.

Te pido que devuelvas lo que la langosta me ha robado personalmente a mí, y al resto de mi familia, y nos des las bendiciones y sanidades que tienes para nosotros. Amén.

. . .

2° Grado

El candidato a Compañero (segundo grado) hace un voto similar al que toma el Aprendiz

Oración y Petición de Arrepentimiento

Nos paramos en la brecha y nos arrepentimos en nombre de cualquier miembro de nuestro linaje y cualquiera que viva en nuestra región y territorio o que resida aquí en el futuro, que haya realizado y esté de acuerdo con estos juramentos y votos.

Pedimos perdón por este pecado de adoración al dios extranjero Alá, y pedimos que la sangre de Jesús nos cubra y nos quite a nosotros y a cualquier otra persona involucrada de todas las maldiciones relacionadas con esto.

Renunciamos a los juramentos tomados y las maldiciones involucradas en el segundo grado Compañero, especialmente las maldiciones en el corazón y el pecho. Renunciamos a las palabras secretas JACHIN y SHIBBOLETH y todo lo que estas significan.

Cortamos la dureza emocional, la apatía, la indiferencia, la incredulidad y la ira profunda de esta región, de mi familia y de mí.

En el nombre y a través de la sangre de Jesucristo, oramos por la sanidad del área del pecho / pulmón / corazón y también por la sanidad de las emociones, y pedimos ser sensibles al Espíritu Santo de Dios.

Mientras renunciamos a estos juramentos y votos y ordenamos a esta maldición y a sus demonios que se vayan, ellos tienen que irse. Ya no tienen el derecho legal de quedarse.

Te pedimos, Señor, que devuelvas lo que la langosta ha comido de la gente de nuestra región, de mí personalmente y del resto de mi familia, y nos des las bendiciones y sanidades que tienes para nosotros. Amén.

. . .

3° Grado

El juramento hecho por los del (tercer grado) Maestros, incluye muchas de las mismas afirmaciones que los dos primeros.

Oración y Petición de Arrepentimiento

Estamos en la brecha y nos arrepentimos en nombre de cualquier miembro de nuestro linaje que realizó y estuvo de acuerdo con estos juramentos y votos.

Pedimos perdón por este pecado de adorar a un dios extranjero y pedimos que la sangre de Jesús nos cubra y nos quite a nosotros y a los miembros de nuestro linaje que todavía están vivos y que aún no han salido de ninguna maldición relacionada con esto.

Estamos en la brecha y nos arrepentimos por cualquiera de aquellos en esta región y territorio que hayan tomado parte en cualquiera de estos juramentos y votos.

Pedimos perdón en su nombre y te pedimos que traslades cualquier caso que el enemigo tenga contra ellos al Trono de la Gracia y la Misericordia, donde tú quitarás los velos de los ojos de su entendimiento, y ellos verán la verdad y abrazarán la verdad y andarán en la verdad.

Renunciamos a los juramentos tomados y a las maldiciones involucradas en el tercer grado Maestro, especialmente las maldiciones en el área del estómago y el útero. Renuncio a todas las palabras secretas y a todo lo que significan.

Renunciamos al Espíritu de la Muerte por golpes en la cabeza representados como asesinato ritual, el miedo a la muerte, el falso martirio, el miedo al ataque violento de las pandillas, el asalto o la violación, y a la impotencia en este grado.

Renunciamos al acostarnos en el ataúd o camilla que implica el ritual del asesinato.

¡Renunciamos a la falsa resurrección de este grado porque solo Jesucristo es la Resurrección y la Vida!

También renunciamos al beso blasfemo de la Biblia bajo juramento de brujería.

Renunciamos y cortamos todo espíritu de muerte, brujería y engaño.

En el nombre y a través de la sangre de Jesucristo oramos por la sanidad del estómago, la vesícula biliar, el útero, el hígado y cualquier otro órgano de nuestro cuerpo afectado por la Masonería. Pedimos una liberación de compasión y comprensión para nuestra familia y para nosotros.

. . .

31° Grado
Oración y Petición de Arrepentimiento

Nos paramos en la brecha y nos arrepentimos en nombre de cualquier miembro de nuestro linaje, y cualquier persona que viva en nuestra región y territorio o que resida aquí en el futuro que haya realizado y esté de acuerdo con estos juramentos y votos.

Pedimos perdón por este pecado de adoración al dios extranjero Alá y pedimos que la sangre de Jesús nos cubra y nos quite a nosotros y a cualquier otra persona involucrada, de todas las maldiciones relacionadas con esto de las consecuencias y nos sane a nosotros y a los demás involucrados.

Renunciamos a los juramentos tomados y a las maldiciones involucradas en el trigésimo primer grado de la Masonería, Gran Inquisidor (E).

Renunciamos a todos los dioses y diosas de Egipto que son honrados en este grado, incluido Anubis con la cabeza de carnero, Osiris el dios del sol, Isis la hermana y esposa de Osiris y también la diosa de la Luna. Renunciamos al Alma de Cheres, el falso símbolo de la inmortalidad, la Cámara de los Muertos y la falsa enseñanza de la reencarnación.

Te pedimos que muevas a todos los que han tenido parte en esto al Trono de Gracia y Misericordia y quites los velos de su entendimiento para que abracen la verdad y caminen en la verdad.

...

32° Grado
Oración y Petición de Arrepentimiento

Nos paramos en la brecha y nos arrepentimos en nombre de cualquier miembro de nuestro linaje y cualquier persona que viva en esta región y territorio o que resida aquí en el futuro que haya realizado y esté de acuerdo con estos juramentos y votos.

Pedimos perdón por este pecado de adoración al dios extranjero Alá y pedimos que la sangre de Jesús nos cubra y nos quite a nosotros y a cualquier otra persona involucrada de todas las maldiciones relacionadas con esto.

Renunciamos a los juramentos tomados y a las maldiciones involucradas en el trigésimo segundo grado de la Masonería, Sublime Príncipe del Real Secreto.

Renunciamos a la falsa deidad trinitaria de la Masonería AUM, y sus partes, Brahma el creador, Vishnu el preservador y Shiva el destructor.

Renunciamos a la deidad de AHURA-MAZDA, el espíritu reclamado o fuente de toda luz, y la adoración con fuego, que son una abominación para Dios, y también a beber de un cráneo humano en muchos ritos.

. . .

33 ° Grado
Oración y Petición de Arrepentimiento

Estamos en la brecha en nombre de cualquier persona de nuestro linaje, y cualquier persona en nuestra región y territorio que haya hablado y realizado estos votos y juramentos, y pedimos perdón por este pecado.

En el nombre de Jesucristo, renunciamos a los juramentos tomados y a las maldiciones involucradas en el supremo trigésimo tercer grado de la Masonería, Soberano Gran Inspector General de la Orden (E).

Renunciamos a las contraseñas secretas.

Renunciamos a todas las obligaciones de cada grado masónico y a todas las sanciones invocadas. Renunciamos y abandonamos por completo al Gran Arquitecto del Universo, quien se revela en este grado como Lucifer, y su falsa afirmación de ser la paternidad universal de Dios.

Renunciamos al cable de remolque alrededor del cuello.

Renunciamos al deseo de muerte que el vino bebido de un cráneo humano se convierta en veneno y al esqueleto cuyos fríos brazos nos esperan si se viola el juramento de este grado.

Renunciamos a los tres infames asesinos de su gran maestro, la ley, la propiedad y la religión, y a la codicia y brujería involucradas en el intento de manipular y controlar al resto de la humanidad.

En el nombre de Dios el Padre, Jesucristo el Hijo y el Espíritu Santo, renunciamos y rompemos las maldiciones involucradas en la idolatría, la blasfemia, el secreto y el engaño de la Masonería en todos los niveles, y nos apropiamos de la Sangre de Jesucristo para limpiar todas las consecuencias de estos de nuestra vida.

Ahora revocamos todo consentimiento previo dado por nosotros, o cualquiera de nuestros antepasados, o cualquier persona en nuestra región o territorio para ser engañada. Renunciamos al Tercer Ojo que Todo lo Ve o Ojo en la frente de Horus y su simbolismo pagano y oculto de la Masonería.

Renunciamos a todas las falsas comuniones tomadas, a toda burla de la obra redentora de Jesucristo en la cruz del

Calvario, a toda incredulidad, confusión y depresión y a toda adoración a Lucifer como Dios.

Renunciamos y abandonamos la mentira de la Masonería que el hombre no es pecador, sino simplemente imperfecto y, por lo tanto, puede redimirse a sí mismo mediante buenas obras.

Nos regocijamos que la Biblia declare que no podemos hacer una sola cosa para ganar nuestra salvación, sino que solo podemos ser salvos por gracia a través de la fe en Jesucristo y lo que Él logró en la Cruz del Calvario.

Renunciamos a todo miedo a la locura, la angustia, los deseos de muerte, el suicidio y la muerte en el nombre de Jesucristo.

Jesucristo conquistó la muerte, y solo Él tiene las llaves de la muerte y el infierno, y me regocijo que Él tenga mi vida en sus manos ahora. Vino a darme vida eterna y abundante, y creo en sus promesas.

Renunciamos a toda ira, odio, pensamientos asesinos, venganza, represalia, apatía espiritual, religión falsa, a toda incredulidad, especialmente a la incredulidad en la Santa Biblia como la Palabra de Dios, y a toda distorsión de la Palabra de Dios.

Renunciamos a toda búsqueda espiritual en religiones falsas y a todo esfuerzo por agradar a Dios. Descansamos sabiendo que hemos encontrado a nuestro Señor y Salvador Jesucristo y que Él nos ha encontrado a nosotros.

Quemaremos todos los objetos en nuestra posesión, que nos conectan con todas las logias u organizaciones de culto, incluida la Masonería, la brujería y el Mormonismo y todas las insignias, delantales, libros de rituales, anillos y otras joyas. Renunciamos a los efectos que estos u otros objetos de la Masonería, como el compás, la escuadra, la soga, la venda de los ojos, o el delantal han tenido sobre mí o mi familia, en el nombre de Jesús.

Capítulo 37
Conclusión

Aunque trabajar en este libro ha llevado bastante tiempo, creemos que por la libertad que usted, su familia y las generaciones venideras experimentarán habrá valido la pena el esfuerzo. Aquellos que de nuestro linaje se involucraron en la Masonería lo hicieron durante un período de tiempo. Liberarse requeriría un esfuerzo concertado de parte nuestra. Ahí es donde entra este libro.

Ha sido nuestra oración que este libro le lleve a nuevos niveles de alegría y libertad. Las aflicciones físicas y mentales saldrán de su vida mientras camina hacia esta nueva libertad encontrada. Le recomendaría que finalice todo este trabajo de oración con la participación en la Comunión. Ha sido el pedido de usted que mientras trabaja con este libro su ADN sea remodelado para reflejar el ADN de Jesús. La comunión ayuda a completar ese proceso. Que usted y sus generaciones encuentren una gran alegría en su nueva libertad.

Comparta su testimonio de libertad con sus amigos y familiares y ayúdelos a superar este proceso. Aunque requiere mucho tiempo, vale la pena el esfuerzo. ¡Muchas bendiciones sobre usted a medida que avanza en su vida!

Apéndice

Otras enfermedades y condiciones relacionadas con la Masonería[86]

Además de las enumeradas a lo largo del libro, la siguiente lista incluye algunas que no fueron incluidas de otra forma. No es exhaustiva, pero su existencia en su vida o en la vida de su familia puede ser un indicio de participación en la Masonería en algún nivel.

Las instrucciones sobre cómo lidiar con estas condiciones se encuentran al final de este apéndice.

- Miedo al cáncer
- Miedo a morir por cáncer
- Muerte por cáncer
- Maldiciones de la sangre
- Síndrome de fatiga crónica
- Virus Epstein-Barr

---

[86] Morin, "Diseases Associated with Freemasonry."

- Anemia
- Presión arterial alta
- Presión arterial baja
- Trombosis
- Hemorragia
- Artritis Reumatoide
- Diabetes
- Hipoglucemia
- Hiperglucemia
- Envenenamiento de la sangre
- Hepatitis
- SIDA
- VIH
- Fatiga extrema
- Enfermedades
- Enfermedad crónica
- Alergias
- Golpes en la cabeza
- Fiebres misteriosas
- Rechazo resultante de ser llamado "basura en el templo"
- Ser rechazado
- Ser excomulgado
- Esterilidad

Enfermedad Mental

- Tener doble personalidad
- Doble ánimo
- Bipolar
- Confusión espiritual
- Confusión mental
- Maldiciones que incapacitan la comprensión

- Maldiciones que afectan su capacidad para expresar lo que siente
- Maldiciones sobre las facultades verbales
- Habilidad de escuchar espiritualmente
- Habilidad de escuchar físicamente más lejos
- Maldición de tener dos padres o amos que resulta en confusión en la identidad
- Confusión de identidad
- Problemas de identidad de género
- Esquizofrenia paranoide

Juramentos y Maldiciones de Brujería resultantes en:

- Melancolía
- Opresión
- Estar en un estado psicótico
- Lazos impíos con otros en la línea familiar con los mismos problemas.
- Maldiciones que involucran a Nabucodonosor
- Locura
- Senilidad
- Demencia
- Desorientación
- Pérdida de memoria
- Colapso emocional
- Depresión espiritual
- Ataque de nervios
- Problemas físicos
- Estar internado en un hospital psiquiátrico o asilo.
- Maldición de comportamiento obsesivo compulsivo y repetitivo

- Maldición de todas las obsesiones religiosas, espirituales y doctrinales
- Maldiciones de suicidio, deseos de muerte e inestabilidad mental
- Maldiciones de inseguridad y dependencia por abandono del padre a causa de la Masonería

Trastornos Nerviosos y Miedos

Enfermedades o violencia que afectan a los nervios como:

- Esclerosis múltiple
- Epilepsia
- Cáncer de columna
- Enfermedad de Parkinson
- Abuso sexual
- Violación
- Muerte súbita
- Traición de amigos
- Traición del cónyuge
- Muerte de la médula espinal
- Muerte del sistema nervioso
- Muerte por el cordón plateado
- Inflamación de los nervios
- Tener los nervios al límite

Plagas de muerte sobre:

- Útero
- Ovarios
- Próstata

- Testículos
- Maldición del dios fálico Baphomet
- Maldición de la sodomía
- Maldición de la bestialidad
- Cáncer de intestino o recto
- Cáncer de colon
- Sodomía
- Actividad anal pervertida

Ritual de Shriner

Renuncie al ritual ceremonial de los Shriners y al juramento de pararse sobre una tabla descalzo y recibir descargas eléctricas por todo el cuerpo.

Renuncie a todas las maldiciones de shock al sistema nervioso:

- Atracción por el tratamiento de electroshock
- Muerte por descarga eléctrica
- Maldición de todo shock, miedo, trauma y dolor almacenado en el sistema nervioso por accidente, shock repentino, pérdida repentina y muerte por herencia.
- Miedo a los accidentes
- Violación
- Miedo a la violación
- Cualquier tipo de pérdida
- Golpes en la cabeza

Renuncie y rompa el poder de la maldición: "Soy indefenso, ignorante, ciego, desnudo y entrego mi libertad, virilidad y conciencia".

Renuncie a la filosofía de Shriner de "Divertirse".

Maldiciones sobre el empleo y relaciones personales:

- Perder el favor en cualquier área
- Rechazo proveniente del favoritismo de la Masonería
- Exilio del hogar, la familia, el trabajo y el país
- Humillación por juramentos y rituales
- Apoderamiento de los espíritus en el empleo, las finanzas y la posición en la Iglesia.
- Dolor y humillación por la pérdida.
- Maldición de la desnudez
- Maldición de la vulnerabilidad
- Maldición de la exposición
- Maldición de "no cubrirse"

Maldiciones sobre su matrimonio[87]

- Seducción
- Lujuria
- Inmundicia
- Ruptura en su relación con su cónyuge
- Muro de silencio en la intimidad del matrimonio
- Destrucción del matrimonio
- Muerte del matrimonio
- Locura en el matrimonio

---

[87] Morin, "Masonic Curse Affecting Employment and Relationships."

Problemas Financieros

- Quiebra de relaciones
- Quiebra de sociedades
- Quiebra de su matrimonio

Tratando con enfermedades y condiciones adicionales

Después de leer estas enfermedades y condiciones adicionales, es posible que haya reconocido algunas con las que ha tratado personalmente o que son parte de su historial familiar. Debido a que no parecen estar vinculados a ningún grado en particular, es probable que estén vinculadas a la Masonería en general. Queremos estar libres de estos problemas.

Habiendo pasado por los 33 grados abordados en este libro, podemos simplemente hacer lo que equivale a una adición a los casos judiciales ya presentados. A continuación, se muestra un ejemplo de lo que puede hacer:

Juez, solicito que pueda presentarle estas enfermedades y condiciones adicionales que he identificado que me afectan a mí y/o a mi familia. Me he arrepentido de mi participación y de la de mis antepasados en la Masonería y le pido perdón. Hemos renunciado a nuestra participación y solicitamos un veredicto de liberación del cautiverio de estas enfermedades y condiciones.

[*Una vez que se haya emitido un veredicto, ingrese a la Corte de Escribas para recibir la documentación para este veredicto, luego a la Corte de Ángeles para que se envíen ángeles a cumplir las órdenes involucradas en el veredicto.*]

Bibliografía

Duncan, Malcolm C. *Duncan's Masonic Ritual and Monitor*. 1866.

Ferrell, Ana Méndez. *The Dark Secret of G.A.O.T.U.* Voice of the Light Ministries, 2016.

"Have You Ever Considered Becoming a Freemason." *Fraternal Brochure.* Masonic Renewal Committee of North America.

Holy Bible, New King James Version. Thomas Nelson Publishers, 1982.

"Ineffable Definition & Meaning." *Merriam-Webster*, Merriam-Webster, www.merriam-webster.com/dictionary/ineffable. Accessed 11 May 2018.

Mahoney, Grant & Samantha. *Freedom: Coming Out From Under the Curses of Freemasonry*. 2014.

McClenechan, Charles T. "10th Degree: Knights Elect of Fifteen." *AASR – 1884 – 10th Degree: Knights Elect of Fifteen*, 2014, www.phoenixmasonry.org/AASR_1884_/10th_degree_knights_elect_of_fifteen.htm.

Morin, Teresa. "Diseases Associated with Freemasonry." *Exposing Freemasonry*, 16 Feb. 2012, exposemasonic.blogspot.com/2012/02/diseases-associated-with-freemasonry.html.

Morin, Teresa. "Masonic Curse Affecting Employment and Relationships." *Exposing Freemasonry*, 12 Feb. 2012, exposemasonic.blogspot.com.

"The Real Secret of Freemasonry: Making Good Men Better." Grand Lodge of A.F. & A.M. of North Carolina, 1993.

Santa Biblia Versión Revisada Reina-Valera 1960

Simmons, Brian. *The Passion Translation: The New Testament with Psalms, Proverbs, and Song of Songs*. BroadStreet Publishing Group LLC, 2017.

Para obtener más recursos, visite:

www.ronhorner.com

Descripción

Pocas organizaciones en la historia de la humanidadse han integrado en todos los niveles de la sociedad como la Masonería. Aunque se autoproclama no como una "organización secreta" sino como "una organización que tiene secretos", el resultado es el mismo. Los hombres (y las mujeres en ciertos sectores) hacen juramentos a dioses demoníacos que los unen a ellos, a sus familias y a sus generaciones futuras a pactos y veredictos que traen la destrucción de todos sus linajes. La naturaleza insidiosa de estas organizaciones: el Rito Escocés, el Rito de York, Shriners y sus muchas ramificaciones y enredos (incluidos los Illuminati) nacieron en los consejos del infierno.

Este libro ayudará a revelar los falsos veredictos que potencian las maldiciones resultantes que, en todos los niveles de la vida de uno, traen la destrucción final o el miedo a la destrucción. Los juramentos han obligado a hombres que alguna vez fueron honestos a la deshonestidad, a la traición e incluso al asesinato. Quienes observan desde afuera los diversos juramentos y enredos, se preguntan a menudo: ¿qué haría que los hombres tomaran juramentos como los requeridos por la Masonería? ¿Por qué hombres sensatos harían tales cosas?

Acerca del Autor

El Dr. Ron Horner es un maestro apostólico especializado en las Cortes del Cielo. Ha escrito más de veinte libros sobre las Cortes del Cielo, cómo proceder en el Cielo, el trabajo con los ángeles o cómo vivir desde la revelación.

Actualmente capacita a las personas para que participen en las Cortes del Cielo en una sesión semanal de enseñanza en línea a través de Internet. Usted puede registrarse para participar y descubrir más sobre el paradigma de oración de las Cortes del Cielo a través de sus diversos sitios web, clases, productos y servicios que se encuentran aquí:

www.ronhorner.com

Otros libros escritos por el Dr. Ron M. Horner

EN INGLÉS

Building Your Business from Heaven Down

Building Your Business from Heaven Down 2.0

Building Your Business with the Blueprint of Heaven

Commissioning Angels – Volume 1

Cooperating with The Glory

Courts of Heaven Process Charts

Dealing with Trusts & Consequential Liens from the Courts of Heaven

Engaging Angels in the Realms of Heaven

Engaging Heaven for Revelation – Volume 1

Engaging Heaven for Revelation – Volume 2

Engaging Heaven for Trade

Engaging the Courts for Ownership & Order

Engaging the Courts for Your City (*Paperback, Leader's Guide & Workbook*)

Engaging the Courts of Healing & the Healing Garden

Engaging the Courts of Heaven

Engaging the Help Desk of the Courts of Heaven

Engaging the Mercy Court of Heaven

Four Keys to Dismantling Accusations

Freedom from Mithraism

Kingdom Dynamics – Volume 1

Kingdom Dynamics – Volume 2

Let's Get it Right!

Lingering Human Spirits

Lingering Human Spirits – Volume 2

Living Spirit Forward

Overcoming the False Verdicts of Freemasonry

Overcoming Verdicts from the Courts of Hell

Releasing Bonds from the Courts of Heaven

Unlocking Spiritual Seeing

EN ESPAÑOL

Cómo Anular los Falsos Veredictos de la Masonería

Cómo Proceder en la Corte Celestial de Misericordia

Cómo Proceder en las Cortes para su Ciudad

Cómo Trabajar con Angeles en los Ambitos del Cielo

Cooperando con La Gloria de Dios

Las Cuatro Llaves para Anular las Acusaciones

Liberando Bonos en las Cortes Celestiales

Liberando Su Visión Espiritual

Sea Libre del Mitraísmo

Tablas de Proceso de la Cortes del Cielo

Viviendo desde el Espíritu

www.ingramcontent.com/pod-product-compliance
Lightning Source LLC
Chambersburg PA
CBHW022001160426
43197CB00007B/212